MERIAN *esencial*

Irlanda

Reinhard Schäler
Werner Skrentny

EVEREST

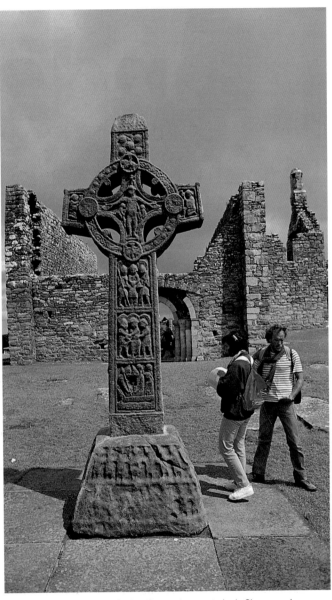

Encuentro con el pasado celta en el monasterio de Clonmacnois

ÍNDICE

Mapas y planos

Irlanda: contraportada anterior; **Dublín:** contraportada posterior; **Cork:** portada posterior; **Galway:** pág. 56; **Limerick:** pág. 78; **Belfast:** pág. 94; **Dingle Peninsula:** pág. 105; **Connemara:** pág. 108

BIENVENIDO A IRLANDA

Es usted una de esas personas que siempre quisieron viajar a la Isla Verde de los «Saints y Scholars» y nunca se habían decidido?

Ahora ha llegado el momento. Este año, el lema no es: «Nos vamos al sol, no importa donde sea», sino «Nos vamos a Irlanda». Un viaje al pasado, a un lugar donde no hay que retrasar el reloj una hora sino unos treinta años ,donde los lugareños se reúnen todas las noches para tocar música en pubs. Imágenes de una naturaleza virgen, no contaminada por las basuras industriales. Un país de monjes, poetas y luchadores por la libertad. La patria de U2, Chris de Burgh y los Dubliners. Y una vez en la isla, no necesitará sacar del equipaje el impermeable que compró para la ocasión. En los pubs de los pueblos pesqueros, en la costa occidental, se sentará junto a viejos pescadores pelirrojos de cabello ensortijado y barba poblada, pero también junto a algún ingeniero de software de Galway. Echando un vistazo al periódico matinal le puede ocurrir que junto a los reportajes de los diferentes festivales y talleres de escritura encuentre un artículo sobre los problemas de medio ambiente en la Isla Verde. Rápidamente se dará cuenta de que Ir-

Ring of Kerry, la famosa carretera panorámica a lo largo de la costa

landa tiene muchas caras. Ciertamente, en comparación con sus vecinos de la UE, superpoblados y altamente industrializados, Irlanda sigue siendo la amable isla de siempre, tranquila y equilibrada. Sin embargo, comprobará que, a pesar de que los relojes van retrasados, en Irlanda el tiempo tampoco se ha parado.

Una Historia llena de vicisitudes, un presente intranquilo

El país tiene una historia larga y llena de acontecimientos. Sucesivamente fue conquistado por los celtas, los vikingos, los normandos y finalmente por los británicos, quienes siguen ocupando una parte de la antigua provincia del Ulster. El acontecimiento que más ha marcado Irlanda hasta el día de hoy es la hambruna que sufrió en 1847: *The Famine.* Hasta entonces vivían en la isla más de ocho millones de personas, caracterizados por la lengua y cultura gaélicas. Más de 800.000 murieron durante la hambruna, un millón emigraron a ultramar en barcos mal equipados y sobrecargados, los *coffinships,* pereciendo de hambre muchos de ellos durante el viaje. Irlanda estaba yerma, comarcas enteras quedaban desiertas. Al mismo tiempo, los irlandeses comenzaron a apropiarse de la lengua y la cultura de sus ocupadores ingleses para poder sobrevivir en las ciudades de América. Poco a poco la isla comenzó a perder su identidad gaélica.

Charla entre entendidos en las carreras de caballos, muy populares en Irlanda

La división y sus consecuencias

En 1920, mediante el *Government of Ireland Act,* el gobierno británico decidió la división de Irlanda. A continuación, hubo negociaciones entre Gran Bretaña y el Estado Libre Irlandés (*Free State*) que condujeron a la firma de un tratado muy polémico y extremadamente controvertido. Sin embargo, los altercados en Irlanda del Norte, que hasta el día de hoy han causado cientos de víctimas mortales, no se produjeron hasta finales de los años 60 cuando las manifestación pacíficas a favor de los derechos civiles en Derry fueron disueltas por la policía por medios violentos. Los actos de violencia y terror que se sucedieron después son por todos conocidos a través de la prensa internacional.

Desde finales del verano de 1994 ha vuelto a surgir la esperanza razonable de una solución pacífica del conflicto en Irlanda del Norte. En un dramático comunicado de prensa, el IRA anunció «el abandono de la lucha armada». Después de más de 25 años de miseria y penurias en Irlanda del Norte parecía vislumbrarse por primera vez la posibilidad de una solución pacífica al conflicto, tras el evidente fracaso del acuerdo anglo-irlandés firmado en 1985. Seis semanas después de la declaración del IRA, los grupos terroristas protestantes se unieron al armisticio. Se vislumbra el final de los atentados. Ahora falta solucionar el conflicto de Irlanda del Norte a nivel político, mediante conversaciones entre los gobiernos irlandés y británico, en las que también tendrán la palabra los grupos implicados directamente en el conflicto. El actual Gobierno Británico con Tony Blair a la cabeza plantea, por primera vez, la posibilidad de una negociación seria y un intento de buscar soluciones, aunque el día de la firma de la paz en el Ulster no parece cercano. Los problemas sociales, entre los cuales se encuentra especialmente el de la alta tasa de paro en Irlanda del Norte, se pretenden solucionar con el apoyo económico de la UE y EE.UU.

El legado gaélico

Antiguamente Irlanda tenía ocho millones de habitantes, hoy en día esta cifra es sólo de cinco millones; 1,6 millones de ellos en los seis condados del noreste, pertenecientes a Gran Bretaña. Solamente el dos por ciento de los irlandeses hablan irlandés como lengua materna. ¿Qué ha sido del legado gaélico? Casi siempre, cuando algo está amenazado de extinción, como es el caso de la lengua y cultura irlandesas, se intenta por parte oficial salvar lo que aún se pueda salvar. Sin embargo, la mera existencia de una acción estatal y la creación de los llamados «*Gaeltachts*» evidencian en qué medida la «lengua de los conquistadores» está sobreponiéndose y desbancando a la lengua propia de Irlanda. A este hecho hay que añadir que el idioma irlandés sigue considerándose, a menudo, como rural y atrasado. Quien quiere tener éxito imita a los triunfadores. Incluso deportes tradicionalmente irlandeses como el «*Hurling*» y el «*Gaelic Football*», que antiguamente contaban entre los favoritos de todo irlandés, encuentra cada vez menos seguidores, sobre todo entre la gente joven. En cambio, en 1990 miles de personas salieron a las calles para vitorear a la selección nacional irlandesa, por no haber sido eliminada del Campeonato Mundial de Fútbol de Italia hasta los cuartos de final –un recibimiento de tal magnitud sólo se había dado al Papa en su viaje a Irlanda en el año 1979.

Música tradicional y moderna

No obstante, existe un campo en el que la cultura gaélica sigue tan viva como antaño. La música tradicional que, sobre todo en los pueblos del oeste, siempre ha sido un elemento integrante de la vida diaria, experimentó un resurgimiento en los años 60, y sigue viva desde entonces también en las ciudades. Todo pub que se precie ofrece al menos una vez por semana música en directo y casi siempre hay algún lugar donde se celebra un festival de música.

En Irlanda no solamente se ofrece música tradicional de primera. Desde hace unos años, la escena musical moderna irlandesa forma parte de lo más selecto que Europa puede ofrecer. A la estela de estrellas internacionales como U2, Sinead O'Connor o Chris de Burgh se han podido establecer toda una serie de grupos extraordinarios. Cuando en 1994, Irlanda ganaba por tercera vez consecutiva el Festival de Eurovisión con la canción «Rock' n' Roll Kids», todo el país estaba eufórico. Gracias a la existencia de una estrecha red de pubs musicales y clubes de Rock, también los grupos relativamente desconocidos tienen una posibilidad de supervivencia. La calidad de las grabaciones de algunos estudios es tan excelente que incluso grupos de Estados Unidos graban ahora sus discos aquí. La isla es la Meca tanto de músicos, como de amantes de la música. Aquí no es un hecho insólito el presenciar un concierto detrás de Mick Jagger o el estar sentado en algún pub junto a Leonard Cohen.

Irlanda caprichosa

Debido a su ubicación en el extremo occidental de Europa, Irlanda siempre ha estado algo aislada de las corrientes culturales y políticas

Música y pub son inseparables en Irlanda

BIENVENIDO A IRLANDA

del Continente. Los irlandeses hablan de Europa como si no perteneciesen a ella. Muchas de las cosas que causaban asombro y escándalo en Europa en los años sesenta y setenta, es ahora cuando hacen furor en Irlanda.

Durante los últimos años, dos temas socio-políticos, discutidos en interminables debates públicos han tenido en vilo a la opinión pública irlandesa: el derecho al **divorcio** y la legislación sobre el **aborto**. Para ambas cuestiones se consultó al pueblo en referéndum. En sendos referendos salieron victoriosos los conservadores con una mayoría de 2:1. Un papel decisivo en ambos referendos lo jugó la iglesia católica, muy influyente en Irlanda. ¿Es, pues, Irlanda un baluarte de la política cristiano-conservadora?

En Irlanda no se siguen los esquemas de pensamiento conven- cionales. De ese modo, en 1992 el obispo de Galway tuvo que dimitir por hacerse público el hecho de que había sido padre de un niño hacía 20 años. En otro caso, una mujer joven, que había quedado embarazada después de una vio- lación y a la que se había denega- do en un principio salir de Irlanda, obtuvo el permiso de la Corte Su prema de Justicia irlandesa para viajar a Inglaterra y que le practica- sen allí un aborto, con la oposición vehemente de la Iglesia católica.

Igualmente, en el ámbito de la política internacional los irlandeses juegan un papel especial. Incluso después de la disolución de la Unión Soviética, Irlanda sigue te- niendo relaciones económicas más estrechas con algunos de los países de la CEI que con algunos de sus vecinos europeos, está muy orgullosa de su neutralidad política y militar.

Ovejas en Ring of Kerry. Las ovejas son parte de Irlanda, como el Whisky

Paisajes y estilo de vida

El viaje a través de Irlanda le brindará la ocasión de conocer uno de los países europeos más hermosos, por ejemplo: los terrenos pantanosos de **Connemara,** los lagos en el condado de **Cavan,** la meseta cárstica y árida del **Burren** y la vegetación subtropical en el sudoeste de la isla. Verá monasterios y castillos medievales que testimonian el importante pasado de Irlanda como antiguo centro cultural. Y, posiblemente, tenga también ocasión de reconsiderar sus propios esquemas de comportamiento y pensamiento.

Aprenda algo de los irlandeses, de su infinito optimismo y sentido del humor que les ayuda a no desesperar incluso en las situaciones más exasperadas. Imite a los irlandeses no alterándose por «nimiedades». «It could be worse...» –podría ser peor– es más que un dicho popular. Expresa la esencia de toda una filosofía de vida. Intente amoldarse al ritmo de vida irlandés y no exija que todo esté perfecto. Al fin y al cabo, está usted de vacaciones. Pero, ¿quién sabe?... Más de uno que sólo vino de vacaciones, permaneció cautivo del hechizo de la isla para toda su vida.

Planificación del viaje

No quiera abarcar demasiado, tenga en cuenta que la isla tiene una extensión de 275 km de ancho por 486 km de largo. Debería tomarse al menos dos días para viajar de Dublín a Kerry o Donegal del Norte - no solamente por el regular estado de las carreteras. Irlanda tiene tanto que ofrecer y dispone de una infraestructura turística tan buena que tener que decidir entre tantas ofertas le planteará una tarea harto difícil.

El «Diario irlandés» de Heinrich Böll constituye una lectura obligada para todo viajero. No se debe olvidar la anotación inicial del brillante homenaje de Böll a la isla y a sus habitantes: «Existe esta Irlanda; pero quien viaje allí y no la encuentre no tiene ningún derecho de reclamación al autor.»

LECTURA RECOMENDADA

Además del **Diario Irlandés** de Böll, recomendamos el número de la revista **MERIAN** dedicado a **Irlanda** en la que verdaderos conocedores de Irlanda hacen un resumen muy interesante del pasado y del presente del país, con magníficas fotografías.

Las posibilidades son muchas: en avión llegará Vd. directamente. Si desea llevarse el coche puede tomar un transbordador en Bilbao o en Francia.

En coche y transbordador

Desde España puede llegar en trasbordador hasta Irlanda, haciendo escala en Gran Bretaña, con salida desde Bilbao. Estos viajes están organizados por las compañías Brittany Ferries y P & O Ferries. Desde Santander se fletan también barcos a la Bretaña francesa, pudiendo desde allí enlazar con un transbordador con destino a las Islas Británicas. También puede viajar a Francia en coche y allí coger uno de los múltiples transbordadores:

La comunicación más corta y económica la constituyen los transbordadores Calais-Dover y Holyhead-Dublín. El trayecto se recorre en menos de 24 horas, aunque incluye una noche. Desde 1993 se están implantando catamaranes superrápidos de Stena Sealink que han reducido el viaje entre Holyhead (Gales) e Inglaterra a escasamente dos horas (tiempo de los transbordadores regulares: aprox. 3 1/2 h). Estos catamaranes, que durante la temporada alta deberían reservarse con suficiente antelación,

El transbordador es un modo tranquilo de llegar a Irlanda

recorren el trayecto Holyhead-Dun Laoghaire hasta cuatro veces diarias y cuestan aproximadamente 30 IR£ más por vehículo (ida y vuelta) que los transbordadores regulares.

Si no desea exponerse a este estrés durante sus vacaciones, también dispone de un transbordador directo desde Francia a Irlanda. Estos barcos de la compañía **Irish Ferries** salen durante todo el año de Le Havre y Cherbourg y van hasta Rosslare en la costa sudeste de Irlanda. El trayecto dura unas 21 horas y, por regla general, cuesta algo más caro que la ruta alternativa pasando por Inglaterra. Desde hace algún tiempo, los **Brittany Ferries** ofrecen un recorrido combinado: el viaje de ida se efectúa a través de Inglaterra y el de regreso directamente desde Cork a St. Malo (o al contrario).

La Oficina Central de Turismo de Irlanda le facilitará información más detallada. Todos los transbordadores se pueden reservar en su agencia de viajes local.

En autocar

En la mayoría de los casos, el viaje en autocar es el más económico. En estos viajes, Londres suele ser la escala para realizar el enlace con otro autocar. Autocares JULIA realiza viajes desde Madrid los martes y los sábados. La empresa de autocares irlandesa **Slattery** ofrece autocares de enlace desde Londres, en combinación con la empresa naviera **B&I**.
Autocares JULIA
Tlf. 91/5281105

En avión

La compañía aérea IBERIA realiza a diario vuelos directos a Dublín desde Madrid y Barcelona. No hay vuelos directos a Belfast, la capital de Irlanda del Norte. Tanto desde Madrid como Barcelona tiene vuelos diarios a Belfast con escala en Londres, donde el tiempo de espera con el avión de conexión suele ser de una a dos horas.
IBERIA
Tlf. 902/400500.

SUGERENCIA

Más económico, aunque también más complicado que el vuelo directo a Dublín, es el vuelo con dos billetes individuales desde Madrid o Barcelona a Londres y desde allí a Dublín.

No hay nada más hermoso que un recorrido en bicicleta a lo largo de la costa atlántica, en el oeste de la Isla Verde. No olvide ir preparado para la lluvia.

En coche

El coche sigue siendo el medio de transporte preferido para las típicas vacaciones de dos o tres semanas en Irlanda. Incluso con interrupciones es posible conocer en este breve espacio de tiempo las regiones más hermosas y los lugares de interés más importantes de este país. Sin embargo, a la hora de planificar su viaje debe tener en cuenta el estado de las carreteras. Las autopistas y las autovías son la excepción, la regla son las carreteras nacionales llenas de baches.

En Irlanda se conduce por la izquierda. No obstante, normalmente se sigue la norma de que la derecha tiene preferencia. La velocidad máxima en ciudad es de 30 millas (= 48 km/h), en carretera 55 millas (= 88 km/h), con remolque 35 millas (= 56 km/h). En las antiguas señales blanqui-azules las distancias se indican en millas (una milla equivale aproximadamente a 1,6 km), mientras que en las nuevas señales verdes las distancias se indican en kilómetros. El límite

El coche de caballos también está permitido como medio de transporte

de alcoholemia está en 0,8 mg. Una línea amarilla doble y contínua al borde de la carretera significa «Prohibido estacionar». En las ciudades de Irlanda del Norte, debería aparcar su vehículo solamente en aparcamientos vigilados. El precio de la gasolina es parecido al del Continente. Es recomendable llevar la tarjeta verde del seguro. Las carreteras irlandesas son de las menos transitadas de Europa. Invitan a viajar. En cambio, es totalmente desaconsejable conducir a gran velocidad, a la vez que extremadamente peligroso, puesto que tiene que contar con la aparición en la calzada de vacas, ovejas y burros sueltos en cualquier lugar y en cualquier momento.

En caso de sufrir un accidente avise inmediatamente a la policía. En casos de urgencia también le prestarán ayuda en las siguientes direcciones:

Automobile Association (AA)
23 Suffolk St.
Dublin 2
Tlf. 01/6779481

Irish Visiting Motorist Bureau Ltd.
3 South Frederick St.
P.O. Box 1613
Dublin 2
Tlf. 01/6797233

En bicicleta

Si dispone de algo más de tiempo o si limita sus vacaciones a una sola región, el medio de transporte ideal es la bicicleta. Fuera de las ciudades y apartado de las comunicaciones principales, desplazarse en bicicleta por Irlanda es relativamente seguro. Aunque se hace imprescindible una buena protección contra la lluvia debido a la meteorología variable incluso durante el verano. Encontrará bicicletas de alquiler en las localidades grandes y en las estaciones ferroviarias más importantes.

En barco

Un crucero por el Shannon, los lagos del interior o el sistema de canales en el sudoeste cuesta por semana y persona, incluido el seguro, aproximadamente 170 IR£ (temporada alta). El gasoil le costará unas 50 IR£ por semana. Como fianza deben depositarse normalmente entre 100 y 200 IR£, que le serán reintegradas al devolver el barco (sin desperfectos). No es necesario carnet de navegación, pero, sin duda, poseer conocimientos de navegación le será de gran ayuda. Podrá alquilar un barco en Athlone, Carrick-on-Shannon, Killaloe, Williamstown, Banagher y Tullamore. Obtendrá información en la Oficina de Turismo de Irlanda.

En coche de alquiler

La mayoría de los organizadores de viajes también tramitan el alquiler de coches, incluyéndolo en el precio del vuelo. Las ofertas son económicas y le ahorrarán la búsqueda de un coche a la llegada. Sobre todo durante la temporada alta en julio y agosto, los concesionarios de coches de alquiler

BIENVENIDO A IRLANDA

Irlanda es un paraíso para el ciclista,
para turistas con algo de tiempo

pueden encontrarse en apuros: una reserva con suficiente antelación es muy recomendable.

En todas las localidades grandes y en los aeropuertos internacionales hay sucursales de empresas que se han agrupado en el *Car Rental Council* y operan según normas comunes (por ejemplo Argus, Budget Rent-a-Car, Windsor Rent-a-Car). La edad mínima oscila entre los 21 y 25 años.

En transportes públicos

El nudo de comunicaciones de la red viaria irlandesa es Dublín. *Bus Éireann,* la compañía de autocares estatal, cubre toda la isla con sus autocares. El horario, «*Provincial and Expressway Bus Timetable*», se vende en todas las librerías grandes. A menudo, existen ofertas especiales y excursiones sobre las que debería informarse en la Oficina de Turismo.

Además, operan empresas de autocares privadas. Encontrará información sobre ellas en las agencias de viaje. Los autocares privados suelen ser más rápidos (no hacen tantas paradas) y más económicos que la empresa de autocares estatal. En cambio, no llegan hasta las localidades pequeñas.

Desde Dublín sólo salen trenes hacia las grandes ciudades como Sligo, Galway, Limerick o Cork. A veces, el billete sencillo sale tan caro como el de ida y vuelta. Solicite en la ventanilla información sobre los descuentos.

Hay un billete llamado *Rambler Ticket* que sirve para el tren y el autocar: un billete para 15 días cuesta 95 IR£. Además, existe la tarjeta *Emerald Card,* algo más cara pero más amplia, pues con ella puede viajar en diferentes medios de transporte, desde el autobús urbano de Belfast, pasando por los autocares regionales y los trenes de Irlanda del Norte hasta los autocares regionales, autobuses urbanos (incluidos los autobuses a los puertos marítimos y aeropuertos) y trenes de Irlanda. La *Emerald Card* cuesta 105 IR£ (8 días de validez) o 180 IR£ (15 días de validez).

En taxi

Los hay en todas las localidades grandes de la isla. Se pueden llamar con antelación o pararlos directamente por la calle. Sin embargo, son bastante caros.

En Irlanda puede elegir entre un sencillo «*Bed & Breakfast*» (B&B) o una habitación, por ejemplo, en un castillo aristocrático con fantasma incluido.

Entre estos dos extremos se encuentran pensiones, *Country Homes,* granjas rurales, casas de vacaciones y albergues juveniles. Un precio más alto no siempre garantiza mayor calidad. No obstante, puede partir de la base que por más dinero le ofrecerán un mejor servicio.

Hoteles

En la guía de hoteles de la Oficina de Turismo de Irlanda figuran más de 650 hoteles. Los hoteles suelen disponer también de un bar y un restaurante. Algunos palacios y castillos han sido transformados en hoteles de lujo y disponen de un campo de golf o incluso de caballerizas propias. La guía hotelera «*Hidden Ireland*», que conseguirá en cualquier Oficina de Turismo, contiene una relación de alojamientos excepcionales.

Bed & Breakfast

En sus casas urbanas y rurales («*Town-and Countryhouses*»), las familias ofrecen alojamiento con

¿A quién no le gustaría pasar la noche en este Bed & Breakfast...?

15

BIENVENIDO A IRLANDA

desayuno incluido. Todas estas casas son supervisadas regularmente por la Oficina de Turismo y están muy cuidadas. Encontrará alojamientos B&B prácticamente en cualquier lugar. Los desayunos son abundantes y muy nutritivos... Los precios rondan las 15 IR£.

Castillos y palacios

En los castillos y en los palacios de Irlanda se hospedará como un verdadero caballero o noble de tiempos pasados. Puede elegir entre un palacio convertido en hotel como el Ashford Castle en el condado de Mayo o un castillo para usted sólo - queda a su elección si lo desea con o sin personal de servicio. Solamente le darán precios si los solicita. Podrá obtener información sobre los «*Castle Hotels*» en la Oficina de Turismo de Irlanda Para más datos sobre los «*Castles For Rent*» diríjase a la siguiente dirección:

Elegant Ireland
15 Harcourt St.
Dublin 2
Tlf. 01/4751665

Casas de vacaciones

Si usted viaja con un grupo numeroso, o con la familia, son muy recomendables las casas y viviendas de vacaciones. Las «*Irish Cottages*» (cabañas con tejado de caña) disponen de suficiente espacio para 5-8 personas y están completamente amuebladas, a menudo incluso tienen chimenea. Estas cabañas deben ser reservadas con suficiente antelación en la Oficina de Turismo de Irlanda. Las casas de vacaciones cuestan entre 200 y 400 IR£ por semana, según la temporada y el tamaño de la casa.

«*Guesthouses*»

Los «*guesthouses*» son pequeños hoteles, propiedad de una familia y cuya categoría se corresponde con la de una pensión.

SUGERENCIA

Jury Christchruch Inn Este hotel, inaugurado en 1993, justo enfrente de la famosa catedral Christchruch de Dublín, es una alternativa muy buena de alojamiento, especialmente para familias. No encontrará comodidades especiales como un buen restaurante o un acogedor bar, pero los precios son muy aceptables. Todas las habitaciones tienen baño, radio, televisor en color y teléfono. Precio: 43 IR£. Chrischurch Pl., Dublín 8, Tlf. 01/4 75 01 11, 183 habitaciones.

■ C 5

Intercambio de viviendas

Existe la posibilidad de contactar con familias irlandesas interesadas en intercambiar las viviendas durante el periodo de vacaciones.

Albergues juveniles

Además de los albergues pertenecientes a la Asociación Internacional de Albergues Juveniles, en Irlanda también existen albergues independientes («*Independent Hostels*»). La mayoría se encuentran en el oeste de la isla. Muchos disponen de alojamientos especiales para familias. Algunos constituyen una especie de campamento base para todo tipo de deportes: surf, submarinismo, parapente y muchos otros. Los precios por noche están alrededor de las 5 IR£, en Dublín 9 IR£. Existen tres guías de albergues que ofrecen una buena relación de la extensa red de estos alojamientos.

An óige

The Irish Hostel Association
61 Mountjoy St.
Dublin 7
Tlf. 01/8304555, Fax 8305808
Se requiere el carnet internacional de albergues juveniles.

Independent Holiday Hostels

Es la asociación de los propietarios de albergues independientes («Independent Hostels Owners») y los «Irish Budget Hostels» y cuenta con un total de 112 hostales en toda Irlanda.

Imaginativo letrero en un hotel de Limerick

Independent Holiday Hostels-Office

U.C.D. Village
Belfield
Dublin 4
Tlf. 01/2601634, Fax 2697704

Los hoteles están descritos en los diferentes lugares en el capítulo «Poblaciones de interés y excursiones».

Categorías de precios

Los siguientes precios se refieren al precio por noche de una habitación doble y por persona, incluyendo el desayuno (temporada alta).
Categoría de lujo: a partir de 90 IR£
Categoría de precios superior: a partir de 50 IR£
Categoría de precios media: a partir de 20 IR£
Categoría de precios inferior: hasta 20 IR£

Un primer vistazo a la carta de un restaurante irlandés de categoría media provoca, con bastante frecuencia, un gesto de sorpresa.

Desde luego, la comida no es un motivo para viajar a Irlanda: hamburguesas, chuletas y pescado empanado los encontrará en cualquier hamburguesería de su propio país, mejores y a la mitad del precio irlandés. Sin embargo, como tantas otras veces, la primera impresión engaña. La cocina irlandesa no se caracteriza precisamente por sus platos refinados, pero sí por la calidad de sus productos primarios, cuyo sabor excepcional no es sacrificado por un complicado proceso de elaboración.

Especialidades del país

Si siempre quiso degustar el auténtico sabor a mar de las **ostras** frescas y pensaba que no podía permitírselo, inténtelo en Galway o Clare. No le costará más que una hamburguesa doble en una hamburguesería.

Otras especialidades irlandesas son el salmón fresco o ahumado, las truchas y gambas y, naturalmente, la carne de cordero, ternera o cerdo. En Irlanda aún se compra la **carne** en la carnicería de al lado. Para alguien que esté

Cuando las temperaturas lo permiten, también se toma la cerveza fuera del pub

acostumbrado a comprar esa carne rosada, siempre en las mismas porciones, sin nada de grasa (y nada de sabor) y empaquetada en plástico esterilizado, esta visión seguramente será difícil de soportar. En cambio, está garantizado que la carne no proviene de alguna cámara frigorífica sino que es fresca y viene directamente del matadero.

También se pueden conseguir otros **productos agrícolas** frescos, como por ejemplo huevos, mantequilla, leche, verduras y hortalizas. Además del famoso Cheddar encontrará otras muchas variedades de quesos. El pan integral se vende en la mayoría de las tiendas, aunque el mejor es el de los pueblos, donde la mayoría de las tiendas hornean diariamente su propio pan. La cocina irlandesa no posee recetas refinadas. Los **platos tradicionales** como patatas con bacon y «*cabbage*» (cuya traducción por jamón y repollo es insuficiente) se siguen asociando a los tiempos de hambre y pobreza, de modo que –lamentablemente– se ofrecen pocas veces.

Costumbres culinarias

Tradicionalmente, en Irlanda existen cuatro comidas. El abundante desayuno («*Irish breakfast*») se toma entre las 8 y las 9 de la mañana con café o té, cereales, huevos, salchichas fritas, tostadas, confitura y, ocasionalmente, arenques ahumados; el «*lunch*» entre las 12.30 y 13.30 h, aunque frecuentemente, después de un desayuno tan abundante sólo se toma en forma de un sencillo sandwich; el «*high tea*» entre las 17 y 18 h, una pequeña comida completa, a menudo, sustituye a una cena completa; el «*dinner*» después de las 20 horas está constituido siempre por una comida caliente con varios platos.

Restaurantes

Cuando los inmigrantes italianos llegaron a Irlanda, no abrieron pequeñas heladerías, sino pequeños establecimientos donde venden casi exclusivamente (y hasta altas horas de la noche) «*fish and chips*» (pescado y patatas fritas). A lo largo de los años, el «*chipper*» se ha convertido en toda una institución. A estos «*chipper*» se acude por la noche cuando cierran los pubs y entra el gusanillo del hambre camino de casa. Esa es la hora de más movimiento en estos locales.

Para el paladar acostumbrado a manjares, ya hay en Irlanda restaurantes de una elevada categoría internacional. Sin embargo, quienes no deseen gastar mucho dinero en vacaciones para que les sirvan cocina francesa, encontrará al mediodía en la mayoría de los pubs el llamado «*Pub-Grub*»: platos sencillos y sopas. Entre restaurantes caros y sencillas fondas, la escena hostelera irlandesa aún tiene poco que ofrecer. No obstante, muchos hoteles ofrecen un **menú turístico** entre las 6 y 12 IR£ (los restaurantes están señalizados correspondientemente en la entrada). Los menús están

CONOCER IRLANDA

constituidos por dos platos y postre y, a menudo, son mucho más económicos que los platos a la carta.

Una costumbre notable en los restaurantes irlandeses es la de no servir el vino hasta el plato principal o, a veces, incluso después. Si usted no desea esperar tanto, añada las palabras mágicas «*We want the wine now, please*» a la hora de hacer su pedido.

Pubs

¿Qué se puede decir de los pubs irlandeses que no se haya dicho ya? Se han convertido en uno de los productos de exportación irlandesa. No sólo los hay en Dublín, Cork, Doolin o Dingle, sino también en Madrid, Barcelona o Sevilla. Sólo que con los pubs ocurre lo mismo que con la cerveza Guinness: ambos pierden algo de su carácter original en cuanto abandonan la Isla Verde. Y es que un pub en Irlanda es algo especial.

El «*local*», algo así como el bar habitual, es tan querido para algunos irlandés como para algunos españoles lo es el suyo. Invierte gran parte de su sueldo y pasa una gran parte de su tiempo libre junto con amigos, conocidos y vecinos en él. Aunque existen pubs que son conocidos por ofrecer buena música folk y otros en los que se encuentran los que quieren estar a la moda, generalmente, el público de los pubs suele ser variado. Por tanto, en Irlanda apenas se conocen pubs de estudiantes, pubs de trabajadores o pubs de empleados, es decir, bares para un determinado grupo social.

En los pubs irlandeses existe el **sistema de rondas**, es decir, turnándose, cada uno paga una ronda a los amigos con los que acude al pub. Esté atento a su turno, pues no se debe confundir este «*round system*» con un gesto de gentileza. No se aproveche de la hospitalidad de los irlandeses, pues, en Irlanda el alcohol es caro.

Horarios de los pubs:
Lunes-sábado 10.30-23.30 h (de octubre a mayo incluso sólo hasta las 23 h), domingos 12-14 h y 16-22.30 h

SUGERENCIA

King Sitric Este restaurante en East Pier, en el barrio dublinés de Howth, no es sólo conocido por sus excelentes especialidades de pescado, sino también por su vestíbulo del primer piso con vistas a la bahía de Baslcadden. East Pier, Howth, Co. Dublín, Tlf. 01/8 32 52 35, cerrado los domingos, categoría de precios superior.　■ E4

En Irlanda del Norte
Lunes-sábado 11.30-23, domingos
12.30-14.30 y 19-22 h

Bebidas

La bebida irlandesa más conocida es, sin duda, la **Guinness**, una cerveza negra y cremosa. Acostumbrarse a su sabor y no beber otra cosa, es todo una. Como cualquier otra cerveza, también la Guinness se sirve en «*pints*», para los menos sedientos en «*glasses*», es decir en «*half pints*». Como comprobará enseguida, no todas las Guinness son iguales. Los entendidos mantienen que, incluso en Irlanda, cada fábrica de cervezas sirve cerveza de diferente calidad según para el pub que esté destinada. De ese modo, cada uno jura que en su pub se sirve el mejor *pint*. Quienes no logren acostumbrarse al áspero gusto de la Guinness disponen de una amplia oferta de cervezas rubias, llamadas «*Lager*».

Si usted prefiere bebidas más fuertes, pruebe el **whisky** irlandés. En Irlanda, se bebe whisky desde hace más de 300 años. La propia palabra whisky se deriva de la palabra gaélica «*uice beatha*» (*water of life* – el agua de la vida). El whisky irlandés no se consume hasta que haya estado almacenado al menos durante siete años en barriles de madera. No es tan fuerte como el scotch o el bourbon, por lo que también gusta a quienes no están acostumbrados a beber whisky. Las marcas más conocidas son Paddy, Jameson, Powers y Bushmills. Mezclado con café fuer-

El whisky irlandés debe permanecer siete años en barriles de madera antes de su consumo.

te, azúcar y con una refrescante capa de nata montada se convierte en el famoso y riquísimo **café irlandés**. Durante los meses de invierno, el whisky se mezcla con agua caliente, un poco de clavo y limón, es el «*Hot Whisky*».

Los restaurantes se describen en los diferentes lugares en el capítulo «Poblaciones de interés y excursiones».

Categorías de precios

Las siguientes categorías de precios se refieren a un menú incluyendo los impuestos y el servicio.
Categoría de lujo: a partir de 40 IR£
Categoría de precios superior: a partir de 25 IR£
Categoría de precios media: a partir de 15 IR£
Categoría de precios inferior: hasta 15 IR£

CONOCER IRLANDA

Vocabulario de cocina

A

ale: tipo de cerveza
almonds: almendras
apple: manzana
- juice: zumo de manzana
apricot: albaricoque
asparagus: espárrago

B

bacon: tocino para freir
beef: ternera
beer: cerveza
beverages: bebidas
biscuit: galletas, pastas
black pudding: embutido de sangre, tipo morcilla
boiled: hervido, cocido, pasado por agua
- potatoes: patatas hervidas
bottle: botella
braised: estofado
bread: pan
breakfast: desayuno
bream: (de mar): pargo, dorada
(de agua dulce). brama
red bream: besugo
brill: rodaballo
broth: sopa espesa
Brussels sprouts: coles de Bruselas

C

cabbage: repollo
cake: pastel
capers: alcaparras
caraway: comino, alcaravea
carrots: zanahorias
cauliflower: coliflor
celery: apio
cereals: cereales
cheddar: queso Cheddar (típico queso duro británico)
cheese: queso
chicken: pollo
chips: patas fritas
chives: cebollinos, cebolletas
chop: chuleta
chowder: sopa espesa de pescado o marisco
cider: sidra
cinnamon: canela
clams: almejas
cocoa: cacao
cod: bacalao
coffee: café
cold meat platter: plato con surtido de fiambres
consomme: consomé
cooked: cocido
crab: cangrejo
cranberries: arándano
crayfish: (de agua dulce): cangrejo de río
(de mar): langosta pequeña, cigala
cream: nata fresca
- soup: sopa cremosa
cucumber: pepino de ensalada
cup: taza
custard: crema tipo natillas para acompañar postres
cutlet: chuleta

D

decaffeinated: descafeinado
diet: dieta, régimen
dinner: cena
dish of the day: plato del día
draught beer: cerveza de barril
dry wine: vino seco
duck: pato
duckling: pato joven
dumplings: bolas de masa

E

eel: anguila
egg: huevo
- mayonnaise: trocitos de huevo cocido mezclados con mayonesa

F

fennel: hinojo
figs: higos
fish soup: sopa de pescado
French beans: judías verdes
- fries: patatas fritas
fresh: fresco
fried: frito
- eggs: huevos fritos
- potatoes: patatas fritas en rodajas
fruit: fruta
- juice: zumo de fruta

G

game: caza
gammon: jamón ahumado
garlic: ajo
garnished: con guarnición
gateau: tarta de crema *ginger ale:* refresco de jengibre
goose: ganso

grapejuice: zumo de uva
grapes: uvas
gravy: salsa hecha con el jugo de la carne asada

H

haddock: abadejo
halibut: halibut
ham: jamón cocido, jamón York
hare: liebre
hazelnut: avellana
heart: corazón
herbs: hierbas
herring: arenque
honcy: miel
horseradish: rábano picante
hot chocolate: chocolate caliente
- whiskey: whisky con agua caliente, azúcar y clavo

I

ice cream: helado
- cube: cubito de hielo
Irish Coffee: Café irlandés
jam: mermelada
jellied: en gelatina
joint: trozo de carne para asar, un asado

H

kidney: riñones
kipper: arenque ahumado

L

lager beer: cerveza rubia
lamb: cordero
lard: manteca
leek: puerro
lentils: lentejas
lemonade: limonada, gaseosa
lemon squash: refresco de limón
lettuce: lechuga
liqueur: licor
liver: hígado
lobster: langosta
loin: lomo
lunch: comida del mediodía

M

mackerel: caballa
marinated: adobado, marinado
marmalade: mermelada de cítricos

mashed potatoes: puré de patata
mead: aguamiel
meat: carne
- balls: albóndigas
medium rare: poco hecho
milk: leche
- shake: batido
minced meat: carne picada
mineral water: agua mineral
mint: menta
- sauce: salsa de menta
mushrooms: setas; champiñones
mussels: mejillones
mustard: mostaza
mutton: carne de ovino

N

night cap: bebida alcohólica o caliente que se toma antes de acostarse
noodles: fideos

O

oil: aceite
onions: cebollas
ox-tail soup: sopa de rabo de buey
oysters: ostras

P

pancake: tortita; crepe
parsley: perejil
partridge: perdiz
pastry: pastelito
peach: melocotón
peanuts: cacahuetes
pear: pera
peas: guisantes
pepper: pimienta
peppers: pimientos
pheasant: faisán
pickles: encurtido, típica salsa fría inglesa
pie: pastel, empanada
pike: lucio
- perch: lucioperca
plaice: platija
plum pudding: budín de Navidad (con pasas y especias)
poached eggs: huevos escalfados
poached salmon: salmón cocido a fuego lento
pork: carne de cerdo
porridge: gachas de avena; copos de avena
port: vino de Oporto

porter: cerveza negra dulce
potatoes: patatas
poultry: aves
prawns: gambas o langostinos

R

rabbit: conejo
raisins: uvas pasas
rare: poco hecho, casi crudo
rashers: lonchas de tocino
raspberries: frambuesas
red cabbage: lombarda
- currants: grosellas (rojas)
- mullet: salmonete
- wine: vino tinto
rib: costilla
rice: arroz
roast: asado (sust., adj.)
roasted: asado (particip.)
roll: panecillo
rosé wine: vino rosado

S

salad: ensalada
salt: sal
sausage: salchicha, embutido
Scotch: whisky escocés
scrambled eggs: huevos revueltos
seafood: pescado de mar y mariscos
sea-wolf: lubina, róbalo
shellfish: mariscos
sherry: jerez
shrimps: gambas
skate: raya
slice: rodaja, loncha
smoked: ahumado
snails: caracoles
snipe: agachadiza, becacina, chocha
soda water: soda, agua de seltz
sole: lenguado
sorbet: sorbete
soup: sopa
sour cream: nata agria
sparkling wine: vino espumoso
spinach: espinacas
spirits: bebidas alcohólicas, licores
starter: entremés
steamed: al vapor
stewed: estofado
- fruit: compota
stout beer: cerveza negra fuerte
strawberries: fresas

stuffed: relleno (adj.)
stuffing: relleno (sust.)
sweetbread: mollejas
sweets: postres

T

tart: tarta de fruta
tea: té
- with lemon: té con limón
thyme: tomillo
tomato: tomate
- juice: zumo de tomate
tongue: lengua
trifle: postre multicolor con varias capas: sobre una base de bizcocho con jerez se añaden frutas, capas de gelatina, crema y nata
tripe: callos
trout: trucha
tuna: atún
turbot: rodaballo
turkey: pavo
turnips: nabos

V

veal: carne de ternera
vegetables: verduras y hortalizas
vinegar: vinagre

W

wafers: galletas, barquillos
walnut: nuez
water: agua
well done: muy hecho
whipped cream: nata montada
white cabbage: repollo
- lemonade: limonada clara
- wine: vino blanco
wild duck: pato salvaje

Y

Yorkshire pudding: masa horneada a base de leche, huevos y harina que se sirve tradicionalmente con el rosbif

Los productos elaborados artesanalmente, como el paño escocés llamado *tweed,* lino, jerseys y cristal no son baratos aunque sí de excelente calidad.

Las antigüedades suelen estar siempre a la altura de su precio. Todos los fines de semana se celebran mercadillos en Dublín, Cork, Limerick y otras localidades.

En muchas tiendas se hacen descuentos de hasta un 25 % sobre el precio indicado, ya que según dicen, al salir del país se les devuelve el IVA irlandés - Value Added Tax (VAT). Esta norma desde enero de.1993, solamente es válida para personas no pertenecientes a la UE.

Horarios comerciales

En Irlanda no hay una hora de cierre oficial. Pero, la mayoría de los establecimientos se rigen por el siguiente horario: de lunes a sábado de 9 a 17.30 h. Fuera de Dublín, muchos establecimientos cierran una tarde (lunes, miércoles o jueves).

Los jueves los centros comerciales mantienen abierto hasta las 20 h. En muchos comercios se puede comprar incluso hasta altas horas de la noche. Además, en Dublín existen las llamadas «*24-hour-shops*», tiendas que permanecen abiertas durante las 24 horas.

Antigüedades

En algunas calles de Dublín hay almacenes enteros con muebles antiguos, la mayoría de caoba o teca, que comerciantes avispados han ad-

quirido en los pueblos por pocas libras y ahora revenden a un precio elevado al extranjero. Los comerciantes profesionales dificultan que una persona de a pie pueda hacer un buen negocio. No obstante, mantenga los ojos abiertos. A veces en Irlanda aún se vende a un bajo precio como artículo de **segunda mano**, lo que en el España consideramos ya una antigüedad.

En Dublín, los amantes de los artículos de segunda mano no deberían perderse una visita a la *Francis Street* con sus excepcionales «*Iveagh Markets*», en cuyo mercado cubierto se venden todo tipo de artículos de segunda mano: desde un abrigo usado hasta un reloj de pie y con Big Ben.

Cristal

Las piezas de Waterford son las más conocidas y de una calidad excelente aunque su precio es elevado. Asesórese en una tienda especializada. Un consejo: pregunte por el contenido en plomo y si la pieza se ha elaborado enteramente en Irlanda. Algunas de las marcas baratas utilizan piezas prefabricadas procedentes de países del Este.

Salmón

El salmón ahumado irlandés es una especialidad con mucho éxito entre los extranjeros. Lo mejor y más económico es comprarlo en alguno de los grandes supermercados el día antes de su regreso a casa. Tenga en cuenta la diferencia de precio y calidad entre salmón salvaje y salmón de piscifactorías.

Instrumentos musicales

La música popular irlandesa es famosa en todo el mundo. Miles de adeptos a la música folk acuden todos los años a Irlanda para conocer la patria de su grupo favorito. Si usted pertenece a este grupo de aficionados, una visita a las tiendas de música que encontrará en todas las localidades grandes se convierte en una obligación. Al fin y al cabo, para un fan de la música irlandesa no existe un souvenir mejor que un auténtico *fiddle* (violín), una auténtica *pipes* (gaita) o un *bodhrán* hecho a mano (tambor hecho con piel de cabra y que se sujeta con el brazo).

Jerseys

Contra el frío no hay nada mejor que los jerseys de Aran, tejidos a mano.

Si se trata de los auténticos encontrará en la etiqueta del interior el nombre de la tejedora. Los diferentes dibujos son tan individuales que antaño servían para identificar a los marineros ahogados.

Joyas y artesanía

Encontrará algunos diseños peculiares, de los cuales el más conocido y antiguo es el anillo Claddagh, con forma de dos manos que sujetan un corazón coronado. Si el corazón se lleva hacia el interior, simboliza un gran amor duradero; si el corazón indica hacia el exterior, su dueño está abierto a nuevas amistades. Según la tradición, se legaba por parte materna. Hoy en día se lo regalan los enamorados como una especie de pre-sortija de compromiso.

También se realizan unos trabajos de una belleza extraordinaria con viejos trozos de roble (*bog oak*) extraídos de la turba. Estas piezas tienen más de mil años y durante el largo tiempo que han permanecido en la turba han adquirido una extraordinaria tonalidad y unas impresionantes vetas.

SUGERENCIA

Craft Council Gallery: En el establecimiento de los artesanos irlandeses en Dublín se exponen solamente piezas únicas de los mejores artistas irlandeses. Aún cuando no pueda permitirse el lujo de adquirir alguna de estas piezas, a menudo escandalosamente caras, es muy recomendable visitar las salas de exposición en el restaurado Townhouse Centre. Powerscourt Townhouse Centre, South William Street/ esquina Grafton Street, Dublín 2; Tlf. 01/6797368.
■ e5

La población irlandesa es de las más jóvenes de Europa, pues el 50 % de los irlandeses son menores de 25 años. Por tanto, los niños son bien recibidos en todos los lugares.

Irlanda tiene fama de ser un país amante de los niños. No en vano la media de hijos de una familiar irlandesa supera a la de la española.

Niños, incluso bebés, se pueden llevar aquí a cualquier sitio. Muchos restaurantes tienen menús infantiles o prepararán una porción mini de los platos para los adultos. En las pensiones y los hoteles, le dispondrán una cuna si usted lo desea.

No suele haber problema para encontrar una niñera para una noche.

En Irlanda existen pocos parques infantiles públicos realmente buenos. Pero los niños apenas los echan en falta, puesto que toda buena casa irlandesa posee un jardín, y las manzanas del vecino son más tentadoras de lo que puedan serlo jamás los columpios de un parque infantil.

St. Patrick's Trian en Armagh

Malahide Castle ■ E4

El recinto del castillo, a sólo 14 km al norte de Dublín, dispone de un parque de aventuras Un detalle interesante para los adultos: El castillo fue la residencia de la familia Talbot, que era una de las familias más influyentes de Irlanda y vivió aquí entre los años 1180 y 1970. Hoy, el castillo alberga la National Portrait Gallery.
El castillo posee cafetería y restaurante. Se llega con la línea 42, que sale de la estación de autobuses de Dublín, o con el tren que sale de la estación Conolly.
Malahide. Co. Dublin. Tlf. 01/8452655
Enero-diciembre: lunes-viernes 10-17 h; noviembre-marzo: sábados y domingos 14-17 h; abril-octubre: sábados 11-18 h y domingos 11.30-18 h. Entrada (castillo) 2,65 IR£

Mosney Holiday Centre ■ E4

A escasos 50 km al norte de Dublín se encuentra el paraíso de vacaciones infantil más conocido de Irlanda. Las atracciones incluyen el mundo acuático de Funtropica, además hay ponis, un puesto de alquiler de barcas, coches a pedal, minigolf y el show multimedia de Bru Boinne –un viaje a los tiempos de las leyendas irlandesas.
Se llega en coche por la N1 en dirección a Belfast o en tren partiendo desde Dublín (estación justo en el Holiday Centre).
Mosney. Co. Meath. Tlf. 041/29000.
Viviendas de vacaciones por semana, según la temporada y el tamaño, entre 115 y 538 IR£. Diariamente del 28 de mayo al 28 de agosto: 10-18.30 h

Entrada para una jornada con derecho a utilizar las instalaciones de recreo 6 IR£

Trabolgan Holiday Village ■ C 6

Urbanización turística para familias, con un amplio abanico de actividades de recreo, entre ellas un enorme paraíso acuático para nadar, un parque de aventuras, sauna, polideportivo, cancha de tenis y bolera.
Estas actividades están disponibles diariamente bajo vigilancia para niños y adolescentes.
A 16 km al sur de Midleton y unos 50 km de Cork. Midleton. Co. Cork. Tlf. 021/661551.
Viviendas de vacaciones, según la temporada y el tamaño, entre 135 y 560 IR£
También se pueden hacer reservas para fines de semana o de lunes a viernes, respectivamente. Diariamente de marzo a octubre: 9-21 h.
Entrada para un día con derecho a la utilización de las instalaciones de recreo adultos 8 IR£, niños 4,50 IR£

Water World ■ D 2

Ambiente tropical en la costa noroeste de Irlanda para que los niños no tengan que prescindir del agua, incluso cuando los fuertes vientos del oeste imposibiliten bañarse en el Atlántico.Todo cubierto.
Bundoran. Co. Donegal. Tlf. 072/41172
Diariamente de junio a agosto: 11-19 h; septiembre: sábados y domingos 11-19 h
Fin de semana de Semana Santa 11-20 h
Entrada para una jornada adultos 4 IR£, niños (menores de 7 años) 2,50 IR£.

rlanda, gracias a sus aguas y playas limpias, es, sin lugar a dudas, un verdadero paraíso para pescadores, surfistas, deportistas de vela y submarinistas.

Irlanda posee una costa de más de 3.000 km y en el interior del país una gran meseta con numerosos lagos así como cientos de ríos y arroyos que ofrecen las condiciones idóneas para cualquier tipo de deporte acuático. Entre los pescadores, Irlanda se considera una de las mejores zonas de Europa. Aunque también son asequibles otros deportes tan exclusivos como el golf y la equitación.

Unas playas de arena kilométricas, a menudo, completamente solitarias, invitan a pasear y, naturalmente, a bañarse, en cuanto se haya acostumbrado a las bajas temperaturas del agua (alrededor de los 14° C).

Si usted ama la naturaleza y la soledad, le encantará hacer senderismo en Irlanda. Seguro que ni siquiera le molestará la lluvia que cae de vez en cuando. Al contrario, observará cuánto contribuyen estas precipitaciones ocasionales con sus formaciones de nubes al encanto de la Isla Verde.

Carreras de caballos

Las «*Horse Races*» son para muchos irlandeses casi tan importantes como la Guinness diaria. Las carreras más importantes tienen lugar en el Curragh, en el condado de Kildare: el Derby, el Oaks y el St. Leger. La más importante es el Derby a finales de junio, en el que se puede ganar un premio en metálico de más de 450.000 IR£. Merece la pena una visita al Museo del caballo en Tully. (National Stud and Horse Museum).

Tully. Co. Kildare. Tlf. 045/21251 De Semana Santa a finales de octubre, diariamente 9.30-18 h

Entrada adultos 4 IR£, niños (menores de 12 años) 2 IR£. Esta entrada también sirve para los «*Japanese Gardens*».

Ciclismo

Tanto si usted desea alquilar una bicicleta para un solo día o si ha elegido la bicicleta como medio de transporte para todas las vacaciones, la bicicleta es el mejor modo de descubrir Irlanda. El precio de una bicicleta de alquiler es de 6 IR£ por día o de 32 IR£ por semana. En Irlanda encontrará puestos de alquiler casi en todos los lugares. A cambio de un pequeño aumento podrá entregar la bicicleta en un concesionario diferente al que se la alquiló. Los mayores concesionarios de alquiler son:
The Bike Store
58 Lower Gardiner St.. Dublin 1
Tlf. 01/8725399
Raleigh Rent-a-Bike
Raleigh House. Kylemore Rd.
Dublin 10. Tlf. 01/6261333

Equitación

Los caballos irlandeses son famosos en todo el mundo y los irlandeses están orgullosos de ello. Si usted desea alquilar un caballo por unas horas o incluso unos días tiene varias opciones. Por una parte tiene el llamado «*Trail Riding*»: cabalgar en grupo durante varios días pasando la noche en alojamientos previamente seleccionados. Esta opción se ofrece en Connemara, Dingle, Sligo y Kerry. Una segunda opción son los «*Based Trails*», es decir, cabalgar durante varios días por diferentes rutas pero regresando siempre

a un campamento base. Además, algunos hoteles cuentas con escuelas de equitación reconocidas, donde usted podrá recibir clases por horas.
Para más información, diríjase a:

Association of Irish Riding Establishments
11 Moore Park. Newbridge. Co. Kildare
Tlf. 045/31584

Gaelic Sports

Los deportes gaélicos son completamente desconocidos en el Continente, aunque los irlandeses los practican incluso en el Líbano y en Estados Unidos, siendo los deportes más conocidos el «*Hurling*» y el «*Gaelic Football*». A primera vista, el **Hurling** se parece al hockey sobre hierba, dos equipos de 15 jugadores que se enfrentan. El nombre se deriva del «palo» (*hurley*). La portería se parece a una de rugby con dos postes altos y una barra transversal.

El fútbol gaélico es una popular variante del rugby americano. El balón tiene una forma parecida al de fútbol, pero puede cogerse con la mano durante un cierto tiempo. El fútbol gaélico es uno de los juegos de pelota más interesantes. Más de 80.000 espectadores acuden a las competiciones importantes y a la «*All Ireland Final*» en el parque Croke en Dublín (septiembre), además, los juegos son retransmitidos en directo en Australia y Estados Unidos. Todos los clubes de deporte «irlandeses» se han asociado en la GAA, la *Gaelic Athletic Association*.

Gaelic Athletic Association
Jones Rd. Dublin 3. Tlf. 01/8363222

Golf

En Irlanda, el golf es un verdadero deporte nacional. Existen más de 200 clubes de golf, de los cuales la mayoría también permiten jugar en sus campos a visitantes. En los grandes campos de 18 hoyos alrededor de Dublín, Belfast y Cork se celebran competiciones internacionales. Los pre-

cios (*green fees*) oscilan entre 20 y 45 IR£. El equipo, a menudo, se puede alquilar, incluso los principiantes tienen permiso para jugar directamente en los greens. Un profesor cuesta unas 12 IR£ por media hora.

South West Ireland Golf Ltd.
7 Day Place. Tratee. Co. Kerry
Tlf. 066/25733
West Coast Four
66 Clover Hill. Bray. Co. Wicklow.
Tlf. 01/2829796

Greyhound Racing
(Carreras de galgos)

Durante todo el año se celebran carreras de galgos en más de 18 pistas. A pesar de que una carrera solamente dura unos pocos segundos, éstas atraen a mucho público. Suelen tener lugar al atardecer y en los meses invernales incluso bajo la luz artificial de los focos. Dirección de contacto:

Board na gCong, Irish Greyhound Racing Board
104 Henry St. Limerick.
Tlf. 061/316788

Pesca

Las aguas para la pesca de la trucha y el salmón (*Game Fishing*) están especialmente cuidadas y protegidas. Existe una época de veda generalizada entre finales de agosto y Año Nuevo.

La pesca de todas las demás especies de agua dulce (*Coarse Fishing*) no está demasiado extendida entre los irlandeses. No hay épocas de veda. Tampoco es necesaria una licencia de pesca. Está terminantemente prohibido cazar con cebo vivo y no está permitido usar más de dos cañas al mismo tiempo. Las mejores aguas se encuentran en la meseta de lagos irlandesa (*Lakelands*) y en el condado de Clare.

La cálida corriente del Golfo convierte las costas oeste y sur de Irlanda en una zona extraordinaria para la pesca de altura (*Deep Sea Angling*).

Conseguirá información para pescadores en la Oficina de Turismo de Irlanda, así como en:

Central Irish Fisheries Board
Balnagowan House. Mobhi Boreen
Glasnevin. Dublin 9
Tlf. 01/8379206
Irish Farmhouse Angling Holidays
Lahardan House. Crusheen
Co. Clare. Tlf. 065/27128,
Fax 067/27319

Playas

Pocas personas viajan a Irlanda para pasar las vacaciones exclusivamente en la playa. Sin embargo, si desea darse un chapuzón refrescante de vez en cuando, aquí tiene algunas sugerencias:

Brittas Bay ■ E5
Las partes norte y sur de esta playa de arena fina cerca de Arklow son las únicas playas del condado de Wicklow que han obtenido la bandera ecológica azul de la UE. Apenas hay hoteles ni *Bed & Breakfast*, pero hay dos campings en Redcross. Condado de Wicklow.

Bundoran ■ D2
Antiguamente era un popular lugar de veraneo en el noroeste de la isla con una de las más hermosas playas de arena de Donegal, ahora este lugar ha perdido gran parte de su esplendor.

Courtown ■ E5
Larga playa de arena visitada especialmente por familias con niños pequeños. Hay campings y chalets en las proximidades. Condado de Wexford

Portmarnock ■ E4
Es la playa más hermosa del condado de Dublín, de arena fina y dorada y un precioso paisaje de dunas, a sólo 15 minutos del centro de la capital. Condado de Dublín

Rathmullan ■ E1
Playa idílica de un pequeño pueblo pesquero retirado en el extremo norte de la isla. Condado de Donegal

Rossbeigh ■ A5
Se halla al sur de la Dingle Peninsula en medio de un paisaje de una belleza salvaje. Condado de Kerry

El golf es un deporte nacional en Irlanda

Rossnowlagh ■ D2

Cerca del hotel Sand House se encuentra una playa de 3 km de longitud, posiblemente con las mejores condiciones para practicar el surf. A 18 km al norte de Bundoran. Condado de Donegal

Strandhill ■ C2

Es una de las playas más conocidas de Sligo. Posee unas espléndidas vistas sobre Coony Island y Sligo Bay.

Ventry ■ A5

La playa en la Dingle Peninsula es una de las más hermosas en la costa occidental irlandesa. La vista de las islas Blasket frente a la costa es espectacular. Condado de Kerry

Senderismo

El *Wicklow Way* fue el primer camino de senderismo señalizado de Irlanda. Fue descrito por primera vez en 1966 y su recorrido de 132 km llega desde el parque Marlay en el condado de Dublín hasta Clonegal en el condado de Carlow. Además, están otros itinerarios como el *Kildare Way,* el *Kerry Way,* el *South Leinster Way,* el *Slieve Bloom Way,* el *Dingle Way,* el *Cooley Peninsula Trail,* el *Cavan Way,* el *Munster Way* y en Irlanda del Norte el *Ulster Way.* En los parques forestales hay senderos con recorridos señalizados para excursiones de una jornada. Obtendrá información en:
Coilte.
Leeson Lane. Dublin 2. Tlf. 01/6615666

Submarinismo

La temporada de submarinismo comienza en abril y finaliza en octubre. Las claras aguas en la costa irlandesa permiten una visión de hasta 30 m de distancia. Además, la corriente del Golfo favorece una flora subacuática y una fauna muy variadas. Información:
Clew Bay Diving Centre
Bay View Hotel. Clare Island, Westport Co. Mayo. Tlf. 098/26307

Surf

Los surfistas encontrarán un extraordinario oleaje, con unas olas de una altura entre 1 y 4 m durante todo el año (p.ej. en Achill Island, en el Slea Head, en Spanish Point y Rossnowlagh). Entre otros lugares encontrará escuelas en Killalohe (Clare), Dalkey (Dublín), Baltimore (Cork) y Oysterhaven (Cork). Conseguirá información en:
Irish Boardsailing Association
c/o Irish Yachting Association
3 Park Rd. Dun Laoghaire. Co. Dublin
Tlf. 01/2800239

Vela

Muchos navegantes experimentados están convencidos de que la mejor zona de Europa para practicar la vela son las costas de Irlanda. Por tanto, no es de extrañar que el primer club de vela del mundo se fundara en Irlanda: el «*Water Club of the Harbour of Cork*» (1720), hoy llamado «*Royal Yacht Club of Cork*». En la costa entre Youghal y Dingle, así como en el Lough Derg se encuentran los centros para el alquiler de embarcaciones. Los barcos se alquilan con y sin tripulación. Los centros donde más se practica este deporte están, entre otros, en Dunmore East, Youghal Crosshaven y Kinsale. Quienes deseen primero aprender a navegar, el mejor lugar al que dirigirse es la *Irish Association for Sail Training.* Un cursillo de vela de una semana de duración, incluido alojamiento y manutención, cuesta en temporada alta unas 300 IR£. Le facilitarán más información en:
Irish Yachting Association
3 Park Rd. Dun Laoghaire
Co. Dublin. Tlf. 01/2800239
Irish Association for Sail Training
84-86 Lwr. Baggot St. Dublin 2
Tlf. 01/6601011
aus James Joyces Roman «Ulysses» wandeln Insider beim Bloomsday Literary Festival in Dublin. 16. Juni

D

Desde el tradicional Día de San Patricio hasta el distinguido espectáculo hípico de Dublín - la vitalidad y las ganas de vivir en las fiestas irlandesas son insuperables.

Sobre todo durante los meses estivales, en Irlanda hay cientos de pequeñas fiestas y festivales con los que se topará irremediablemente.

Cuando los irlandeses están de fiesta, no hay quien les supere en desenfreno y alegría de vivir, evitándose las molestias innecesarias y el agobio ya desde las preparaciones de las fiestas. Ni siquiera con motivo del St. Patrick's Day, la festividad más importante de los irlandeses, se organizan grandes desfiles con carrozas decoradas. Quienes acuden el 17 de marzo a Dublín para ver el desfile del Día de San Patricio esperando ver un desfile al estilo de los carnavales de Tenerife quedará decepcionado al ver las «carrozas imperiales», pues son de una apariencia más bien sencilla. En cambio, es arrebatador el ambiente distendido y alegre por las calles de la capital, que en esta ocasión muestra su mejor cara. La gente lo pasa bien celebrando el día con viejos y nuevos amigos, tocando música y bebiendo muchísima cerveza Guinness.

Artsfestival en Galway, alegría y celebración

Marzo
St. Patrick's Day
Día del patrón de la isla. Se lleva el color verde, algunos se tiñen el pelo de verde y en algunos bares incluso se sirve una Guinness verde. El desfile de San Patricio más importante de Irlanda es el de Dublín, presenciado por altos dignatarios frente al histórico General Post Office.
17 de marzo

Mayo
Killarney Races
ASe celebran las primeras carreras de caballos de Killarney en el hipódromo más bonito de Irlanda. La segunda semana de carreras se celebra en julio.
Segunda semana de mayo

Junio
GPA Music in Great Irish Houses
A lo largo de diez días se celebra uno de los grandes festivales de música clásica en diferentes castillos y residencias señoriales irlandeses, entre ellos Russborough House, Royal Hospital Kilmainham y Birr Castle.
Mediados de junio

Blooms Day
En el aniversario del Blooms Day, el día de la vida de Leopold Bloom que inmortalizó James Joyce en su «Ulysses», tiene lugar en Dublín el Bloomsday Literary Festival con conferencias internacionales sobre la obra de Joyce. Los verdaderos fans de Joyce se visten siguiendo el ejemplo de los personajes inmortalizados en su obra.
16 de junio

Julio
City of Belfast International Rose Trials
Desde principios de julio hasta finales de septiembre, más de 100.000 rosas florecen en el parque Dickinson con motivo del concurso internacional de las mejores rosas cultivadas. El momento cumbre es la Rose Week en la tercera semana de julio.
1 de julio al 30 de septiembre

Battle of the Boyne
Este día, en Belfast y otros 20 lugares de Irlanda del Norte, los «Orangemen» celebran con desfiles la victoria de Guillermo III de Orange sobre su adversario Jacobo II. Es la festividad protestante de Irlanda.
12 de julio

Agosto
Kerrygold Dublin Horse Show
Por espacio de una semana, la arena de la Royal Dublin Society en Ballsbridge, un barrio de Dublín, se convierte en palestra para los mejores caballos de salto de Irlanda y ultramar. Los puntos culminantes son los concursos por el Aga Khan Trophy, el National Cup y el Grand Prix.
Primera semana de agosto

Puck Fair Festival Killorglin
Fiesta popular en el condado de Kerry, en conmemoración del día en el que un rebaño de cabras avisara a los habitantes de la llegada de las tropas de Oliver Cromwell.
10-12 de agosto

Connemara Pony Show
Feria hípica enteramente dedicada al mundialmente famoso poni de Connemara.
19 de agosto

Rose of Tralee International Festival
De entre las jovenes de ascendencia irlandesa llegadas de todo el mundo se elige la «Rosa de Tralee».
Última semana de agosto

Kilkenny Arts Week
Conciertos, exposiciones de arte y actos literarios forman parte de la

CONOCER IRLANDA

semana cultural irlandesa de mayor importancia.
Última semana de agosto

Fleadh Ceoil na hEireann
El Comhaltas Ceoiltoiri na hEireann organiza cada año en una localidad diferente el festival nacional de música tradicional irlandesa.
Último fin de semana de agosto

Septiembre
Match Making Festival Lisdoonvarna
La organización de una boda según la clase social es una de las tradiciones más antiguas en Irlanda. En Lisdoonvarna (condado de Clare) se elige para esta celebración al soltero más atractivo.
1 de septiembre hasta principios de octubre

Octubre
Ballinasloe International October Fair and Festival
Es una fiesta popular para toda la familia, a la vez que la feria hípica más antigua de Europa.
Primera semana de octubre

Cork Film Festival
Desde 1955 tiene lugar en Cork el festival más conocido de cine irlandés.
Primera semana de octubre

Dublin Theatre Festival
Grupos teatrales de todo el mundo acuden a este festival de teatro, el más importante de Irlanda.
Primera quincena de octubre

The times they're a changing…

Wexford Opera Festival
Esta pequeña ciudad en el sur de Irlanda se ha hecho famosa a nivel internacional gracias a este festival de ópera y música clásica.
Segunda quincena de octubre

Cork Jazz Festival
El último fin de semana de octubre, esta ciudad a orillas del río Lee, se convierte en la capital europea del jazz. No existe pub ni sala de conciertos donde no actúen varias veces al día grupos de jazz de todo el mundo.
Último fin de semana de octubre.

Tardará un rato en localizar en el mapa este pequeño lugar en el noreste de la República –y eso que Cavan es capital de condado.

La última vez que Cavan jugara un papel importante en la historia de la República de Irlanda fue en 1690, cuando los hombres de Enniskillen vencieron al duque de Berwick bajo las órdenes del General Wolseley. Después de la victoria de sus tropas, Wolseley ordenó incendiar toda la localidad –las malas lenguas aseguran que el lugar sigue sin recuperarse de este hecho. Gracias a su ubicación en el centro de los llamados Lakelands, Cavan no ha quedado completamente en el olvido durante los últimos cien años.

Tranquilidad y aislamiento

Esta región ha permanecido al margen del «turismo masivo», en la medida que se pueda hablar de tal en Irlanda. Los turistas en busca de monumentos y milagros de la naturaleza aún no han encontrado el camino hasta Cavan. La zona de los lagos está siendo descubierta poco a poco por el turismo, aunque solamente por grupos muy determinados. En este lugar no hay espectaculares paisajes como en la costa occidental o en el salvaje Donegal. Pocos turistas (y po-

Cavan

■ D 3

cos irlandeses) conocen localidades como Longford, Roscommon y Athlone, Mullingar, Tullamore y Roscrea, Kildare, Birr o Carlow, a excepción quizá de los pescadores y los amantes de la navegación. Para ellos, el extraordinario encanto de la zona de los lagos radica precisamente en el completo aislamiento y su naturaleza virgen.

La mejor zona de pesca de Europa

En Cavan, Beturbet o Butler's Bridge, localidades de las cuales mucha gente que viene a Irlanda desde hace varios años no ha oído hablar nunca, encontrará pequeñas pensiones retiradas en las que podrá volver a ser usted mismo.

A menudo, el precio de la habitación incluye la utilización de una barca de pesca. En ella puede salir a lagos que son de las aguas interiores europeas con pesca más abundante. Se encontrará tan bien allí, que al final nada importará si ha pescado algo o no. Realmente, la región de Cavan merece una visita y el descanso está garantizado.

LUGARES DE INTERÉS Y EXCURSIONES

Hoteles y otros alojamientos

Mrs. P. Brady
Un «Bed & Breakfast» a 7 km de Cavan. Seguro que aquí no se sentirá inmediatamente como en casa, pues necesitará algún tiempo para acostumbrarse a tanto silencio.
Lakevilla, Blenacup
Killykeen
Tlf. 049/31513. 6 habitaciones
Categoría de precios inferior

Hilton Park
Situado al norte de Cavan en el condado de Monaghan. En los vastos terrenos que pertenecen a esta finca, se hallan tres lagos privados y un campo de golf de nueve hoyos. Durante la temporada se realizan partidas de caza. Es, sencillamente, un clásico.
Hilton Park
Scotshouse, Clones
Condado de Monaghan
Tlf. 047/56007, Fax 56033
Sólo con reserva
5 habitaciones
Categoría de precios superior

Kilmore Hotel
Este confortable hotel se encuentra algo apartado de la localidad, en la carretera a Dublín..
Dublin Rd. (1,6 km fuera de la localidad)
Tlf. 049/32288, Fax 32458
39 habitaciones
Categoría de precios media

Lugares de interés

Killykeen Forest Park
Bosque situado en las proximidades del *Lough Oughter* que cuenta con unos extraordinarios senderos para caminar. Durante los meses estivales dispone de un pequeño restaurante.
Killykeen (aprox. 13 km al oeste)
Entrada libre

Museos

Cavan Cristal
Aquí puede observar a los sopladores de cristal haciendo su trabajo. Visitas guiadas diarias durante los meses de verano.
Dublin Rd. Tlf. 049/31800
Mayo-septiembre: lunes-viernes 9.30 h, 10.30 h, 11.30 h, 12.30 h, 14.30 h

Pig House Collection
Una colección semi-privada de más de dos mil objetos de tiempos pasados. Precisamente por su sencillez, bien merece una visita.
Cornafean
Tlf. 049/37248 (visita con cita)
Entrada 2 IR£

Comer y beber

The Olde Priory
Como ya indica el nombre se trata de la cocina de un antiguo monasterio. Se ha renovado conservando sus características.
Main St.
Tlf. 049/61898
Categoría de precios media

Servicios

Información
Tourist Information Office
Farnham St.
Tlf. 049/31942

Excursiones

Belturbet ■ D 3
Este pequeño pueblo junto al río Erne se ha convertido en los últimos años en un popular centro de pescadores. Los navegantes "ocasionales" disponen de un embarcadero. Desde Belturbet se puede remontar el Erne hasta Enniskillen (Irlanda del Norte).

Carrick-on-
-Shannon   ■ D 3

Esta pequeña localidad es el puerto fluvial más importante en el curso superior del río Shannon. El tramo navegable del río, desde aquí hasta Killaloe, mide 225 km. Acercarse por el Shannon al milenario monasterio de **Clonmacnois** bajo la luz del crepúsculo representa una de las experiencias más impresionantes de un viaje a Irlanda. En tales momentos, los siglos pasados vuelven a la vida.

Cavan Way   ■ D 2

A través de un paisaje extraordinariamente encantador, este itinerario bien señalizado de 25 km, transcurre desde Blacklion, en el noreste, en dirección sudoeste hasta la localidad de Dowra. En el *Cavan Way* se encuentran una pequeña cueva, la Shannon Pot, y un lago de 15 metros de anchura - el nacimiento del mayor río de Irlanda.

Clonmacnois   ■ D 4

El mayor de los monasterios irlandeses se halla a 20 km al sur de Athlone en una colina a orillas del Shannon. Fue fundado por San Ciaran en el año 548 y durante varios siglos uno de los centros de estudio más importantes de Europa. Hoy en día, Clonmacnois es conocido sobre todo por sus cruces de piedra, una torre circular del siglo XII y una interesante colección de lápidas inscritas.

Clonmacnois Visitor's Centre
Tlf. 0905/74195
Diariamente 9-19 h
Entrada 1,50 IR£

Kells   ■ E 3

Este pequeño lugar en el condado de Meath era un centro religioso en la Edad Media. Actualmente sólo quedan unos pocos restos repartidos por la localidad, donde los monjes, no sólo devotos sino también de un talento artístico extraordinario, escribieron antaño el mundialmente famoso *Book of Kells*. Entre estos restos se encuentra una colección, única en su clase, de cruces del siglo IX y una torre circular de 30 metros de altura.

Hermosa imagen de la costa irlandesa

Los «Corkonians» son conocidos por su afición a la música y se dice que incluso su lengua, una especie de canturía, parece música.

A pesar de que Cork es la segunda ciudad de la República, con sus 175.000 habitantes, parece insignificante en comparación a la metrópoli de Dublín.

Desde inicios de los años 80, la ciudad tiene que enfrentarse a un éxodo masivo, sobre todo de gente joven. Sin esperanza de obtener un puesto de trabajo, muchos prefieren emigrar a no hacer nada. No obstante, el velo de desesperación parece haberse desvanecido algo desde principios de los años 90. Después de unas amplias obras de reforma, la ciudad vuelve a dar una imagen fresca y orientada al futuro.

Cork
■ B 6

Viva gracias a la música

A pesar de la emigración y los problemas económicos, Cork nunca fue una ciudad muerta - al contrario. En la ciudad hay numerosos pubs con sesiones de música por las noches. Sin embargo, en Cork normalmente no se encuentra música folk en el programa, sino jazz, muy popular; así el festival de jazz que se celebra anualmente en octubre goza de una popularidad creciente.

Pero no solamente hay movimiento en la escena musical. Cork también tiene un teatro profesional, así como un «*Opera House*», aunque su temporada de ópera y operetas es bastante corta.

Iglesia de St. Mary's

Hoteles y otros alojamientos

Allied Metropole Hotel
A pesar de que el hotel ha sido modernizado hace algún tiempo, no ha perdido ni un ápice de su carácter. Durante el festival de jazz hay conciertos.
McCurtain St.
Tlf. 021/508122, Fax 506450
108 habitaciones
Categoría de precios superior

Ballylickey Manor House
Constituye el punto de partida ideal para excursiones en el oeste de Cork. Su vestíbulo tiene 300 años de antigüedad.
Ballylickey. Bantry Bay
Condado de Cork
Tlf. 027/50071, Fax 50124
11 habitaciones
Categoría de lujo

Mrs. M. Bowen
Acogedor «Bed & Breakfast» en las inmediaciones de la universidad. A 15 minutos de camino al centro.
«Lisheens»
Connaught Av.
Tlf. 021/275577
4 habitaciones
Categoría de precios inferior

Gabriel House
Pensión tranquila con aparcamiento propio situado en las colinas de Cork. A 15 minutos a pie hasta el centro.
Summerhill
St. Lukes
Tlf. 021/500333, Fax 500178
19 habitaciones
Categoría de precios media

Imperial Hotel
Un hotel muy lujoso en el centro de la ciudad. Tiene un buen restaurante.
South Mall
Tlf. 021/274040, Fax 274040
100 habitaciones
Categoría de precios superior

Paseo

El centro de la ciudad de Cork está limitado por *Paul Street* al norte, *South Mall* al sur, la *Grand Parade* al oeste y la *Parnell Place* al este. Iniciamos el paseo en la Oficina de Turismo, en **Grand Parade,** seguimos el curso de **Oliver Plunkett Street** en dirección este y, antes de la Oficina Principal de Correos, tomamos una pequeña calle lateral a mano izquierda, por la cual llegamos a escasos metros a la calle principal de Cork, **St. Patrick's Street.** Desde aquí podemos desviarnos para ver las famosas campanas de Shandon, de casi 250 años de antigüedad, de la *St. Anne's Church.* Cruzamos el río Lee manteniéndonos de momento al lado izquierdo. Caminamos un tramo junto a la vera del río y giramos después a la derecha tomando la John Street. De vuelta en St. Patrick's Street, se encuentra a la derecha la **Academy Street,** que nos conducirá a un elegante barrio comercial alrededor de lPaul Street. Seguimos por Paul Street hasta regresar a la Grand Parade, el punto de partida de nuestro itinerario.
Si aún dispone del suficiente aliento, merece la pena un paseo por **Washington Street** que va a dar a la vieja universidad de Cork.

Lugares de interés

Cork City Market
Los artesanos de Cork han restaurado los antiguos mercados cubiertos ingleses con gran lujo de detalle, ganando por ello varios premios.
St. Patrick's St./ Grand Parade
Diariamente (excepto domingos) 9-17.30 h

Paul Street
Paul Street con sus pequeñas calles laterales peatonales, invita irresisti-

blemente a un paseo, y a visitar sus muchas y originales tiendecitas. Además, hay numerosos pequeños cafés y restaurantes donde decidir en qué emplear el resto del día.

Quai Co-op

Aquí trabajan alrededor de 20 personas comprometidas en uno de los proyectos más interesantes de Irlanda. Con mucho esfuerzo y poco dinero se ha creado una casa excepcional, donde encontrará una tienda de alimentación, una librería, un restaurante-cafetería, un centro para mujeres, así como un centro de asistencia para desempleados.
24 Sullivan Quai
Tlf. 021/317660

St. Anne's Church/ Shandon Bells

Con sus propias manos, usted podrá hacer sonar las famosas campanas de Shandon, el emblema de Cork.
Church St.
Subida al campanario y visita de las campanas diariamente 10-17 h
Entrada 1,50 IR£

Museos

Cork City Museum

Este museo situado cerca de la universidad, en el parque Fitzgerald, documenta la historia de la ciudad.
Fitzgerald Park
Mardyke Walk
Tlf. 021/270679
Lunes-viernes 11-13 h y 15-17 h; domingos 15-17 h
Entrada lunes-viernes gratuita; domingos 50 p

Comer y beber

Ballymaloe House

Uno de los mejores restaurantes de la isla, a 20 km al este de Cork en una antigua casa de campo. Si bus-

ca algo especial estará en el sitio adecuado. El alma de Ballymaloe es Myrtle Allen, seguramente la cocinera más conocida de la República.

Clifford's

Este lugar de encuentro para gourmets está alojado en una antigua biblioteca, cuyas paredes están decoradas con la colección de arte propiedad de Michael Clifford.
18 Dyke Parade
Tlf. 021/275333
Categoría de lujo

Halpins Delicatessen Restaurant

Este pequeño restaurante es conocido por su buena calidad. Durante el día funciona como autoservicio.
14-15 Cook St.
Tlf. 021/277853
Categoría de precios inferior

Jacques Restaurant

Cocina moderna con mucha fantasía y una selecta carta de vinos.
9 Phoenix St. (Pembroke St.)
Tlf. 021/277387
Categoría de precios media

Shiro

¿Quién esperaría encontrar un restaurante japonés precisamente en la costa oeste de Irlanda cerca de Bantry (5 km al oeste de Cork)? Entre gourmets, el Shiro es considerado un lugar especial.
Ahakista. Durrus
Condado de Cork
Tlf. 027/67030
Categoría de lujo

Compras

Cash's

En estos almacenes en estilo de finales del siglo pasado se venden artículos de porcelana, cristal y de barro de diferentes fabricantes y todo de primerísima calidad. St. Patrick's St.

Stephen Pearse

La mejor tienda –aunque no la más económica– para adquirir artesanía irlandesa. Paul St.

Waterstone Booksellers

Si busca literatura contemporánea, este es el lugar idóneo.
St. Patrick's St./ Western Parade

Por la noche

An Bodhrán

El mejor pub en Cork con música tradicional. El ambiente se empieza a animar después de las 21 horas, aunque debería acudir antes si quiere conseguir un sitio cómodo.
42 Oliver Plunkett St.

An Sráid Bhaile

En el Grand Palace Hotel se ha reconstruido un completo pueblo irlandés del siglo pasado, donde, durante los meses estivales, se ofrece cada viernes música tradicional.
Grand Parade
Tlf. 021/274391

Dan Lowrey's Bar

Este pub galardonado con numerosos premios se encuentra muy cerca del Metropolitan Hotel. También es recomendable para tomar un pequeño tentempié durante el día.
McCurtain St.

Everyman Palace

Actuaciones de grupos teatrales locales, de vez en cuando conciertos y actuaciones de artistas o grupos foráneos.
15 McCurtain St. Tlf. 021/501673

Mangan's Night Club

Cuando los pubs cierran sus persianas a las 23.30 h, medio Cork se da cita en este lugar.
Carey's Lane
Diariamente a partir de las 19 h
Entrada 5 IR£ (después de las 23 h)

Servicios

Información

Tourist Information Office
Tourist House

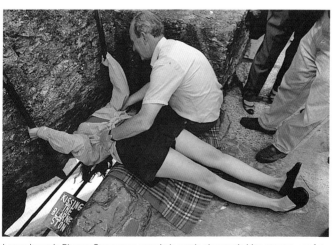

Lograr besar la Blarney Stone y ser agraciado con la elocuencia bien merece una foto

Grand Parade
Tlf. 021/273251

Taxis
St. Patrick's St. Tlf. 021/314040

Excursiones

Baltimore ■ A 6

Esta pequeña localidad a escasos 35 km al oeste de Cork City es conocida sobre todo entre los amantes de la vela. Varias islas se encuentran frente a la costa ofreciendo de ese modo una protección ideal contra los vientos del Atlántico, a menudo bastante frescos. Las islas más conocidas y a las que hay un transporte regular con pequeñas lanchas a motor son **Sherkin Island** y **Clear Island.** Ambas islas son de una extensión parecida (8 km de longitud y 3 km de anchura) y ya en la Edad Media se hallaban habitadas por los O'Driscolls. Hoy, de las antiguas fortificaciones y los monasterios solamente quedan las ruinas. Al sudoeste de Cape Clear se encuentra la famosa y temida **Fastnet Rock** con su faro que se alza a 45 metros sobre el mar.

Blarney Castle ■ B 6

La mayoría de los turistas no recorren los 8 km que hay desde Cork para contemplar las ruinas del castillo del siglo XV. Sólo están interesados en una de las piedras de este castillo: el famoso **Blarney Stone.** Un beso a esta piedra concede el don de la elocuencia. Merece la pena un viaje aunque solamente sea para ver las contorsiones de la gente para alcanzar a dar el beso a la piedra. Igualmente, en Blarney se encuentran los **Blarney Woolen Mills,** que venden en su tienda del pueblo jerseys económicos con diseños llenos de fantasía.
Tlf. 021/385252.

TOPTEN 4

Diariamente, excepto 25.12.
Mayo: lunes-sábado 9-18.30 h, domingos 10-15 h; junio-agosto: 9-19 h, domingos 9.30-17.30 h; septiembre: 9-18.30 h, domingos 10-15 h; octubre-abril: 9 h-ocaso, domingos 10-15 h
Entrada 3 IR£, niños menores de 8 años gratis.

Cobh ■ B 6

Pequeña ciudad a unos 15 km al sudeste de Cork, con un puerto de gran importancia en la historia de la navegación. Aquí atracó el Titanic por última vez antes de su naufragio, y aquí fue a donde trasladaron a los supervivientes del Lusitania, que naufragó en 1915 frente a la costa irlandesa después de haber sido torpedeado por un submarino estadounidense.

Fota Island   ■ B 6

La isla está comunicada con tierra firme por un puente. Aquí se construyó un parque safari muy popular entre los jovenes. Muchos animales, entre ellos monos, pelícanos y flamencos, no están encerrados en jaulas, sino que pueden moverse libremente por la isla. Una atracción especial la constituye Fota House con el arboreto, una plantación de diferentes especies de árboles con fines de estudio.

Kinsale   ■ B 6

Las tropas aliadas hispano-irlandesas fueron derrotadas en este lugar a principios del siglo XVII por los británicos. A su victoria le siguió la expulsión de todos los irlandeses de la ciudad. Hoy el puerto de Kinsale es conocido entre los navegantes de todo el mundo debido a su emplazamiento protegido y sus excelentes constructores de barcos. La visita al lugar también será fructífera por sus restaurantes de pescado de primera, las casas pintorescas, el Scilly Wall y el **Fuerte Charles** del siglo XVII.

West Cork y Bantry Bay   ■ A 6

Esta región costera con su excepcional ubicación y de una belleza natural atrae cada vez a más nórdicos. La localidad más importante de West Cork es Bantry, que tiene casi aires internacionales debido al gran número de residentes extranjeros.

Youghal   ■ C 6

Uno de los puertos pesqueros más hermosos de Irlanda. Aquí, el pescado forma parte del menú diario. A pesar de ello, el lugar ha pasado a la historia por sus patatas y el tabaco que Sir Walter Raleigh trajera a Europa desde el Nuevo Mundo. Raleigh fue durante cinco años gobernador de la ciudad y sigue vivo en las leyendas locales. Los amantes de las películas antiguas conocen el lugar como el puerto de origen del capitán Ahab de «Moby Dick». Además, esta localidad es conocida por sus alfombras y porcelanas.

Fuerte Charles.

El ajetreo de Dublín recuerda las metrópolis sureñas. Se podría pensar que la ciudad se encuentra junto al Tíber, en vez de a orillas del Liffey.

Dublín es una ciudad llena de contradicciones, con diferencia la ciudad más grande de Irlanda, en la que vive casi la tercera parte de la población total del país. La ciudad, al igual que sus habitantes, se rebela contra cualquier encasillamiento. El individualismo se escribe aquí con mayúsculas, y hay más contrastes (tantos que a veces asustan) que cosas en común.

Está la ciudad de las **Georgian Houses** con sus puertas mundialmente famosas y motivo

Dublín
■ E 4

fotográfico de la mayoría de las postales irlandesas; pero también están los barrios suburbiales infinitamente monótonos, tan extensos como Limerick, pero sin infraestructura alguna. Está la metrópoli de los poetas, desde Joyce hasta Bram Stoker (el «padre» de Drácula) pasando por Behan y O'Casey, con teatros mundialmente famosos como el **Abbey Theatre**; pero también está la ciudad de los desempleados, de personas que viven al día. Entre la elegante **Grafton Street** y

Animación y movimiento en la Grafton Street, en la zona comercial de Dublín

los mercados de las **Liberties** hay unos pocos pasos, pero en realidad se hallan separadas por varios siglos. Y el río **Liffey** que avanza lentamente en dirección al Mar de Irlanda sigue marcando la frontera entre los barrios de las clases altas del sur de la ciudad y los barrios de los trabajadores en el norte.

Alegría de vivir y problemas sociales

Sin embargo, la primera impresión que obtendrá de Dublín paseando por la ciudad un día de verano es la de una ciudad rebosante de energía y ganas de vivir. Las calles están llenas de gente que realizan sus compras, niños, turistas, paseantes, **buskers** (músicos callejeros) y **hawkers** (vendedores ambulantes), jóvenes con ropa extravagante y los **characters,** personajes conocidos en toda la ciudad.

Pero detrás de esta fachada multicolor y de apariencia casi sureña se esconde una ciudad que tiene que enfrentarse a unos enormes problemas sociales y económicos. En Dublín hay niños que tienen que pasar la noche en la calle porque carecen de un hogar; el once por ciento de los menores de catorce años en los barrios céntricos tienen problemas con las drogas. Casas que en otros tiempos hubieran sido protegidas como monumentos históricos se están derrumbando lentamente y sólo gracias a iniciativas particulares se han podido restaurar con mucho esmero

algunas de las viejas **Georgian Streets** (por ejemplo la North Great Georges Street).

El gobierno trata de implantar nuevos sectores económicos en Dublín. Así, se construyó enfrente del viejo **Customs House,** cerca de los diques, un gigantesco centro bancario que pretende convertir a Dublín en uno de los centros financieros de Europa.

Carácter y ambiente en lugar de brillo y esplendor

La metrópoli quiere mejorar su imagen. Se han instalado parques nuevos (por ejemplo junto al City Hall en la Dame Street), se han construido nuevas fuentes (como la de enfrente de la Oficina Principal de Correos), los carteles de publicidad de plástico en la **O'Connell Street** han sido sustituido por otros de madera. Cuando se disponga a descubrir Dublín se dará cuenta de que la canción «Dublín can be heaven... here is magic in the air» sigue siendo cierta. Pero la ciudad tiene poco brillo y esplendor que ofrecer, al contrario, casi da más la sensación de descuidada y sucia –como si tuviera otras cosas más importantes en que pensar que en su aspecto. Pero así es como a los dublineses les gusta su ciudad y están orgullosos de ella. Además, les gusta que los forasteros –y especialmente los extranjeros– alaben su ciudad. Por tanto, ¿por qué no empezar una charla por la noche en un pub con: «How lucky you are to live in such a beautiful city...»?

LUGARES DE INTERÉS Y EXCURSIONES

Hoteles y otros alojamientos

Berkely Court
Hotel de lujo al borde del centro donde, de vez en cuando, se alojan invitados de Estado.
Landsdowne Rd.
Tlf. 01/6601711, Fax 6617238
195 habitaciones Categoría de lujo

ISAAC'S
Se aloja sobre todo gente joven. El alojamiento tiene lugar en habitaciones dobles o en un dormitorio colectivo. En el restaurante anexo (autoservicio) en verano hay música en directo varias veces a la semana.
2-5 Frenchman's Lane (cerca de la estación de autobuses)
Tlf. 01/8749321, Fax 8741574
220 camas.
Categoría de precios inferior

Kinlay House ■ d 4
Albergue decorado confortablemente en estilo victoriano. La casa pertenece al sindicato estudiantil irlandés.
2-12 Lord Edward St.
Tlf. 01/6796644. 150 camas
Categoría de precios inferior

Maples House
Después de pertenecer muchos años a una misma familia, este hotel tiene nuevos propietarios, aunque éstos parecen seguir regentándolo según la antigua tradición.
79-81 Iona Rd.
Drumcondra. Tlf. 01/8303049
21 habitaciones.
Categoría de precios media

Westbury Hotel ■ e 5
En el elegante barrio alrededor de la Grafton Street. Habitaciones muy confortables.
Grafton St.
Tlf. 01/6791122, Fax 6797078
95 habitaciones
Categoría de precios superior

Paseos

Itinerario Leopold Bloom
James Joyce describió en su novela «Ulysses» un día en la vida del agente de publicidad Leopold Bloom. Los pasos de Bloom aquel 16 de junio de 1904 se han descrito tan detalladamente por Joyce que incluso hoy, tres cuartos de siglo después, con la novela en la mano como guía, uno se puede mover por el centro de la ciudad sin perderse. De los dieciocho episodios, el octavo es el que contiene las descripciones de lugar más exactas. Muchas las siguen durante su itinerario literario tras los pasos de Leopold Bloom. Comienza en *Middle Abbey Street* y finaliza en *Kildare Street.*
Además, plaquetas incrustadas en el suelo señalan el camino e indican las respectivas páginas relevantes en la edición estándar inglesa.

Recorrido turístico por la ciudad
Iniciamos el recorrido partiendo de la *Tourist Office.* Subimos *O'Connell Street* hasta la estatua de Parnell, donde giramos a mano izquierda a *Parnell Square* donde se encuentra, entre otras cosas, el «*Garden of Remembrance*», el lugar conmemorativo de las víctimas de guerra irlandesas. Algunos pasos más adelante se encuentra el centro comercial Ilac, en cuyo lado este se halla *Moore Street*, el mercado de frutas y verduras de Dublín, que aún hoy sigue recibiendo su mercancía en carros tirados por caballos. Al final de *Moore Street* entramos en *Henry Street*, la mayor calle comercial de la parte norte del centro de la ciudad. De momento nos mantenemos en el lado derecho y después entramos en *Liffey Street* (primera calle a la izquierda), por la que seguimos hasta llegar al río. Cruzamos el *Halfpenny Bridge*, un antiguo puente peatonal de acero, continuamos por un pasaje y llegamos al distrito Temple Bar, lleno de peque-

ñas tiendas, restaurantes, bares y locales de Rock de la escena «alternativa» dublinesa. Continuamos por *Temple Bar Street* en dirección este hasta *Fleet Street*, donde hacemos un alto en el bar de periodistas «Palace» para descansar tomando una cerveza Guinness.

Detrás del Palace nos topamos con *Westmoreland Street*, desde donde quedan pocos pasos hasta llegar al *Bank of Ireland* y enfrente el *Trinity College.* Westmoreland Street nos lleva en dirección norte al único puente del mundo que es más ancho que largo: el *O'Connor Bridge.* Aquí puede realizar compras en uno de los almacenes más antiguos de Dublín (*Clery's*), contemplar el escenario del Levantamiento de Pascua de 1916 (*General Post Office*) o descansar del paseo en un café de alguna de las calles laterales. Si aún dispone de tiempo, debería subir por la elegante *Grafton Street* (calle peatonal) hasta el parque *St. Stephens Green*, dar un paseo pasando por *Christ Church* a *Liberties* y la catedral de St. Patrick o tomar el autobús (líneas 19 y 19 A) hasta Glasnevin para visitar el Jardín Botánico y el cementerio más conocido del país, el *Glasnevin Cemetery.*

Lugares de interés

Bank of Ireland ■ e 4
Antiguo edificio del Parlamento de principios del siglo XVIII. Hoy, se emplaza aquí el Banco de Irlanda, donde se puede visitar durante el horario comercial el antiguo *House of Lords.*
College Green
Lunes-viernes 10-16, jueves 10-17 h
Entrada gratuita

Botanic Gardens
Los Jardines Botánicos de Dublín se instalaron en 1795 y poseen unos impresionantes invernaderos del siglo XIX que descansan sobre construcciones de acero con vegetación tropical.

Algo apartado en el norte del centro, los Jardines son el lugar ideal para descansar de la algarabía de la ciudad.
Botanic Rd. Glasnevin.
Lunes-sábado 9-18, domingos 11-18 h
Entrada gratuita

Christ Church Cathedral ■ c 5
Una de las dos catedrales protestantes en Dublín, situada al final de la *Dame Street.* En el emplazamiento de la catedral, completamente restaurada en 1875, siempre ha existido una iglesia desde principios del siglo XI. Además de la extraordinaria arquitectura y las campanas, famosas en todo el país, merece especial mención del corazón de uno de los primeros arzobispos de Dublín, que se conserva en una capilla a la derecha del altar principal. Muy cerca de la catedral se han encontrado restos de la antigua muralla de la ciudad de Dublín.
Christ Church Pl.
Diariamente 10-18.30 h
Entrada 1 IR£ (donativo)

Dublin Castle ■ d 4/d 5
Originalmente construido en el siglo XIII, tuvo que ser renovado completamente varias veces debido a los graves daños sufridos en el transcurso de su historia. Hoy se utiliza para recepciones de Estado.
Lord Edward St./ Cork Hill
Lunes-viernes 10-12 h y 14-17 h; sábados y domingos 14-17 h
Entrada 1,75 IR£

Dublin Zoo
Aunque el tercer zoológico más antiguo del mundo (del año 1830) está algo anticuado, siempre merece una visita. Emplazado a 3 km del centro de la ciudad, se puede llegar a él en autobús con las líneas 10 (*O'Connell St.*) y 26 (*Middle Abbey St.*).
Lunes-sábado 9.30-18 h, domingos 10.30-18 h. Entrada adultos 5,50 IR£, niños 2,75 IR£

LUGARES DE INTERÉS Y EXCURSIONES

Guinness Brewery ■ a 5

La famosa cerveza negra irlandesa se elabora en esta fábrica, la mayor de Europa. Durante el horario comercial, el público puede ver en el *Guinness Hop Store* una película sobre la historia de la fábrica de cerveza. Las degustaciones gratuitas están limitadas.
Crane St. (calle lateral de la Thomas St.)
Lunes-viernes 10-15.30 h
Entrada 2 IR£

Liberties ■ b 5/c 5

Las *Liberties* son el barrio habitado más antiguo de Dublín. Aquí residen los «verdaderos» dublineses. Los puestos del mercado se heredan de generación en generación. Los pubs son el orgullo de la familia desde hace décadas y los grandes almacenes permanecen inalterables desde hace una eternidad. El barrio alrededor de la *Thomas Street*, la *Francis Street* y la *Meath Street* es una de las zonas más pobres de la ciudad y no tiene nada que ofrecer en el apartado de «Lugares de interés» –sin embargo, el ambiente y la vida en la calle son insuperables.

Marley Park

Los establos de la casa señorial de este recinto albergan hoy talleres en los que se sigue la vieja tradición artesanal.
Rathfarnham. Lunes-sábado 11-17 h, domingos 12-18 h

Marsh's Library ■ d 6

Es la biblioteca más antigua de Irlanda, en las inmediaciones de la catedral de St. Patrick. No ha perdido ni un ápice de su carácter durante los últimos 300 años.
Lunes-viernes 10-12.45 h y 14-17 h, sábados 10.30-12.30 h, martes y domingos cerrado. Entrada 1 IR£

National Library ■ e 5/f 5

Destacan de la Biblioteca Nacional las primeras ediciones de las obras y manuscritos de famosos escritores y poetas irlandeses (Becket, Shaw, Louyce, Yeats ...)
Kildare St. Lunes 10-21 h, martes y miércoles 14-21 h, jueves y viernes 10-17 h, sábados 10-13 h

Phoenix Park

Es el mayor parque urbano de Europa. Aquí se encuentra el zoológico y en la

La catedral de St. Patrick con 93 m de longitud es la mayor iglesia de Irlanda

parte oeste del parque incluso quedan manadas de ciervos salvajes. Los edificios de interés en el parque son la casa del Presidente de la República y el edificio de la Embajada Americana. Una gigantesca cruz de piedra en el centro del recinto marca el lugar donde el papa Juan Pablo II celebrara Misa en 1979 con la asistencia de la tercera parte de la población de Irlanda.

St. Audeon's ■ c 5

Es la única iglesia medieval de Dublín bien conservada. High St.

St. Patrick's Cathedral ■ c 5

Esta catedral del siglo XIV es la iglesia protestante más importante de Irlanda. En el interior se encuentran innumerables reminiscencias que recuerdan la soberanía británica y la historia del Imperio Británico. Jonathan Swift fue decano de esta catedral entre 1713 y 1745.

St. Patrick St. Lunes-viernes 9-18, sábados 9-17 h, domingos 10-16.30 h. Entrada 1 IR£

St. Stephen's Green ■ e 5/e 6

Un jardín admirablemente cuidado en el centro de la ciudad, por encima de el *Grafton Street*. Es un buen lugar para observar a la gente a su alrededor.

Trinity College ■ e 4

A poca distancia del río Liffey se halla la universidad más conocida de Irlanda, fundada en el siglo XVIII. Aquí estudiaron, entre otros, Jonathan Swift, Oscar Wilde y Samuel Beckett. No fue hasta 1969 cuando la Iglesia Católica levantara la prohibición existente para los católicos de estudiar en la universidad protestante. No deje de visitar el *Long Room*» de la biblioteca y la galería «*The Colonnades*», donde, junto a miles de otros manuscritos antiguos, se encuentra expuesto el *Book of Kells*. Este escrito del evangelio del siglo VIII, ricamente ornamentado, se

encontró en Kells, condado de Kildare. Esta obra única abarca 340 páginas. Diariamente se pasa página para preservar las ilustraciones de perder color por la luz del día.

College Green. Lunes-sábado 9.30-17 h, domingos 12-16.30 h. Entrada 2,50 IR£

Museos

Dublin Writer's Museum ■ d 2

Inaugurado en 1991, está instalado en una antigua casa señorial del siglo XVIII y expone muestras de la vida y la obra de los escritores irlandeses más famosos, entre ellos, los premios Nobel Shaw, Yeats y Beckett, así como Swift, Wilde, O'Casey, Joyce y Behan. 18/19 Parnell Square

Octubre-marzo: viernes-sábado 10-17 h, domingos 13-17 h; abril-septiembre: martes-sábado 10-17 h, domingos 12-17 h Entrada 2,50 IR£

Irish Museum of Modern Art

El museo de Arte Moderno fue inaugurado en mayo de 1991 y se encuentra en el *Royal Hospital Kilmainham* (siglo XVII), una residencia construida al estilo de Los Inválidos de París, destinada antiguamente a los militares jubilados y lesionados.

Kilmainham. Martes-sábado 10-17.30 h, domingos 12-17.30 h. Entrada gratuita

Kilmainham Goal TOPTEN **3**

Casi todos los héroes nacionales irlandeses fueron encarcelados por los ingleses en esta prisión (1795-1924): Robert Emmet, Charles Stewart Parnell, los líderes del Levantamiento de Pascua de 1916 y DeValera, el «padre» de la República Irlandesa... Se puede llegar aquí con las líneas de autobús 23, 51, 51 A, 78 y 79 desde el centro de la ciudad. Kilmainham

Mayo-septiembre: diariamente 11-18 h; octubre-abril: lunes-viernes 13-16 h, domingos 13-18 h. Entrada 2 IR£

James Joyce Museum ■ f 5/ f 6
Cartas, documentos, fotografías y objetos personales del escritor irlandés están expuestos en una de las torres de vigilancia de la costa. Se puede llegar aquí en pocos minutos desde el centro de la ciudad en tren.
Martello Tower, Sandycove. Abril-septiembre: lunes-sábado 10-17 h, domingos 14-18 h; octubre: lunes-viernes 10-17 h; noviembre-marzo cerrado.
Entrada 1,90 IR£

National Gallery ■ f 5
Fue fundada en 1854 y sirve, principalmente, como lugar de exposición para artistas irlandeses célebres, entre ellos John Butler Yeats, un hermano del famoso poeta. La galería alberga además una colección de obras maestras de todos las escuelas europeas, entre otras, pinturas de Goya, Gainsborough, Hogarth, Rembrandt, Rubens y Tiziano.
Merion Sq. Lunes-sábado 10-17 h, jueves 10-20.30 h, domingos 14-17 h
Entrada gratuita

National Museum ■ f 5/ f 6
El Museo Nacional irlandés alberga una colección infinita de medallas, monedas, cartas ilegibles, uniformes, piedras, placas y jarrones de los pasados dos mil años de la historia irlandesa. Concéntrese en las siguientes colecciones, que son realmente interesantes: *Treasure Gallery* (arte céltico: Ardagh Chalice, Tara Brooch, St. Patrick's Bell, Cross of Cong, Derrynaflan Hoard) y *Music Room* (gaitas, arpas y otros instrumentos musicales tradicionales). En el anexo del museo se encuentra una exposición con objetos de los tiempos de los vikingos que se encontraron durante las excavaciones en el Wood Quay. El lugar de las excavaciones, uno de los más importantes de Europa, se utilizó para construir edificios de oficinas.
Kildare St. Martes-sábado 10-17 h, domingos 14-17 h.
Entrada gratuita

Captain America's ■ e 5
La hamburguesería más antigua de Dublín, con un ambiente que ya no se ve en ninguna de las cadenas de comida rápida.
Grafton Court, Grafton St. Tlf. 01/6715266. Categoría de precios media

Oísins
Uno de los pocos restaurantes en Dublín que aún sirven comida tradicional.
31 Upper Camden Street.
Tlf. 01/4753433. Sólo cenas
Categoría de precios superior

King Sitric
Este restaurante es conocido no sólo por sus excelentes especialidades de pescado sino también por el vestíbulo del primer piso con vistas a la bahía de Balscadden.
East Pier. Howth. Tlf. 01/8325235
Domingos cerrado.
Categoría de precios superior

Le Mistral
Inaugurado en 1993, es uno de los mejores de la capital.
16 Harcourt Street
Tlf. 01/4781662. Domingos cerrado
Categoría de precios superior

Lord Edward Restaurant ■ c 5
Excelente restaurante de pescado situado encima del pub del mismo nombre, enfrente de la Christ Church Cathedral.
23 Christchurch Lane. Domingos cerrado
Categoría de precios superior

Omar Khayyam ■ d 4
Uno de los pocos restaurantes en Dublín donde se sirve buena comida árabe. Incluso si usted es vegetariano puede venir con toda tranquilidad. Ocasionalmente, actuaciones de bailarinas de la danza del vientre de Oriente Medio.
51 01/6775758.
Categoría de precios superior

Patrick Guildbaud
Ambiente algo rígido en el restaurante
más selecto de la ciudad. Excelente
cocina francesa.
46 James Pl. Tlf. 01/6764192
Domingos cerrado. Categoría de lujo

La Stampa
Restaurante de moda para famosos y
cantantes de Rock americanos que
están de paso. Cocina francesa.
35 Dawson St. Tlf. 01/6778611
Categoría de precios media

The Jewel in the Crown
En una calle paralela a *Grafton Street*
se halla el mejor restaurante indio de
Dublín.
5 South William Street Tlf.
01/6770681
Domingos cerrado
Categoría de precios media

Compras

Browne and Thomas   ■ e 5
Son los grandes almacenes más exclusivos de Dublín, donde no debe te-
nerse en cuenta sólo el precio. Browne and Thomas no tiene nada en común con las fábricas de consumo del
siglo XX.
Grafton St.

Clery's   ■ e 3
Uno de los grandes almacenes irlandeses más antiguos, donde encontrará todo lo que Irlanda tiene que ofrecer –a unos precios a menudo más
económicos que en Killarney o Galway. O'Connell St.

Dublin Woolen Mills   ■ d 4
Insuperable en artículos de lana.
Halfpenny Bridge

Moore Street
Toda la calle es un único mercado de frutas y verduras. Las mujeres que tienen
aquí un puesto son consideradas el baró-
metro de la opinión pública de Dublín.

Powerscourt Townhouse Centre
Centro comercial a la antigua usanza,
con música de piano y agradables cafés, al que se llega a través de una calle lateral que sale de *Grafton Street*.
Distinguidas boutiques de diseñado-
res irlandeses y galerías de arte.
Off Grafton St.

**Stephen's Green
Shopping Centre**   ■ e 6
Centro comercial hipermoderno inau-
gurado en 1989. Café en la planta su-
perior con unas vistas extraordinaria al
Stephen's Green. St. Stephen's Green

Por la noche

Abbey Theatre   ■ e 3
El teatro conocido mucho más allá de
las fronteras de Irlanda, muestra sobre
todo producciones de escritores clásicos irlandeses. En el mismo edificio
se halla también alojado el pequeño
Peacock Theatre.
Lower Abbey St. Tlf. 01/8787222

Baggot Inn   ■ f 6
Para hacerse una idea de la escena actual de la música Rock dublinesa, éste
es el mejor lugar al que puede acudir.
143 Lower Baggot St.

Brazen Head
Tras su restauración, el pub más antiguo de Dublín se ha convertido en un
lugar de moda de yuppies. Música en
directo durante los meses de verano.
20 Lower Bridge St.

Davy Byrne's
Leopold Bloom, el personaje de Joyce, acudió a este pub de gran tradición
a tomar un vaso de vino de borgoña
en compañía de Nosey Flinn.
Duke St.

Hughes
Con diferencia el mejor pub para escuchar música tradicional en la capital.
19 Chancey St.

LUGARES DE INTERÉS Y EXCURSIONES

Kavanaugh's

Antiquísimo pub en el barrio de Glasnevin. En los últimos años se ha renovado el vestíbulo; por lo demás, este lugar tiene el aspecto de hace cien años. St. Teresa's Rd. (calle lateral de la Botanic Rd.). Glasnevin **TOPTEN 7**

Mooneys

Uno de los pubs más famosos de Dublín. Aquí Leopold Bloom se encontró a Stephen Dedalus alias James Joyce. Middle Abbey St.

Old Bailey

Este pub que ya menciona Joyce es hoy día, un lugar de moda de yuppies. Duke St.

Pink Elephant

Aquí, los «chicos» de U2 se mezclan entre el público que han seleccionado los porteros. South Frederick St.

Temple Bar ■ d 4

El barrio es el «Quartier Latin» de Dublín, con pequeñas boutiques, restaurantes, teatros, discotecas y el Instituto Irlandés de Cine. Aquí se da cita la escena alternativa de la capital.

Servicios

Información ■ e 3

Tourist Information Office
14 Upper O'Connell St.
Tlf. 01/2844768, Fax 2841751

Recorrido turístico
por la ciudad ■ e 2/e 3

Los itinerarios turísticos por la ciudad, por ejemplo en un autobús de dos pisos descubierto, duran alrededor de tres horas y comienzan enfrente de la *Tourist Information Office*.
Diariamente 10.15 h y 14.15 h. 8 IR£
Tlf. 01/8734222

Taxi

Tlf. 01/67677

Excursiones

Ardgillan
Demesne ■ E 4

El palacio de Ardgillan está situado sobre una colina a orillas de la costa entre Balbriggan y Skerries, en un amplio parque con unas vistas espléndidas sobre la bahía de Drogheda. Las estancias en la planta baja del palacio están abiertas al público. Se puede llegar en coche o en el autobús 33 desde *Eden Quay* (via Rush y Skerries). Si realiza el viaje en autobús (línea 33), debería planificar un día completo para la excursión.

Castillo:
Abril-septiembre: martes-jueves 11-18 h; octubre-marzo: miércoles-domingo 11-16.30 h. Entrada adultos 2IR£, entrada familiar 4,50 IR£

Parque:
De 10 h hasta la puesta del sol

Bray ■ E 5

Esta localidad se encuentra a 20 km al sur de Dublín. Con la puesta en marcha del Dart (tren rápido), la distancia a Bray se ha acortado para los dublineses y ahora, a menudo, eligen este lugar como destino de excursión dominical. Aún así, Bray no ha perdido nada del encanto de un viejo balneario.

Enniskerry ■ E 5

Aquí, en las Wicklow Mountains, se encuentran los jardines de Powerscourt y unas cataratas de 120 m de altura, las más altas de Irlanda. En verano, Enniskerry es un popular destino de excursión de los dublineses. Muy cerca, en Glencree, se encuentra un cementerio de soldados alemán, sobre todo soldados de Marina, cuyos barcos naufragaron durante los dos guerras mundiales frente a las costas de Irlanda.
Jardines de Powerscourt:
Marzo-octubre 9.30-17.30 h
Entrada 2 IR£

Glendalough ■ E 5

Glendalough significa: «Valle entre los dos lagos». En el siglo VI, San Kevin fundó en las montañas de Wicklow un monasterio, en cuyas inmediaciones también se encuentra una ermita del mismo siglo.Especialmente dignas de mención son la torre circular de 33 m de altura, las ruinas de la antigua catedral y St. Kevin's Kitchen.

Howth ■ E 4

El pueblo pesquero se halla a 10 km al norte del centro de la ciudad y en el tren rápido Dart se llega en menos de media hora. También, en el puerto de este pequeño lugar, se encuentran anclados carísimos barcos, y es que el pueblo se está convirtiendo en un barrio de Dublín, cada vez más popular entre los famosos. En los meses estivales hay barcos que salen a la isla Ireland's Eye. Desde Howth Head se tiene una de las más hermosas vistas sobre la bahía de Dublín.

Malahide Castle ■ E 4

(Salir con niños)

Monasterboice ■ E 3

En el recinto de un monasterio fundado entre los siglos V y VI, del que hoy solamente quedan las ruinas, se hallan dos de las cruces más antiguas de Irlanda (seguramente del siglo IX): la Cross of Muiredach, así como la cruz más alta de Irlanda, la llamado Tall Cross (6,45 m).
Aprox. a 8 km al noroeste de Drogheda
Acceso libre

Newgrange ■ E 4

Este sepulcro de 4.500 años de antigüedad es más antiguo que las pirámides egipcias y tiene unas medidas impresionantes: 73 x 13 m. Quienes sufran de claustrofobia, deberían abstenerse de una visita al interior. Una vez en esta zona, también merece la pena acercarse a visitar la Mellifont Abbey (abadía de Mellifont), el primer monasterio cisterciense de Irlanda, al oeste de Drogheda.

Newgrange
Tlf. 041/24488
Noviembre-febrero: 10-16.30 h ; de marzo-abril y octubre: diariamente 10 a17 h; mayo: 9.30-18; junio-Sept. diariamente 9.30-19 h
Entrada 2 IR£

Melifont Abbey
Drogheda, condado de Louth
Mayo-junio 10-17 h; julio-septiembre 9.30-18 h; octubre 10-17 h; noviembre-abril cerrado
Entrada 1 IR£

El antiguo monasterio de Glendalough en medio de un solitario y maravilloso paisaje

Galway es una de esas pequeñas ciudades que enamoran a primera visita. El carácter y el ambiente son únicos, incluso en Irlanda.

La «capital del oeste» (38.000 habitantes) es excepcional y hechiza al visitante en muchos aspectos. Las angostas callejuelas medievales han podido salvarse de la furia de planificación de los modernos urbanistas. Galway es la única ciudad irlandesa, en la que se habla en la calle el irlandés (o gaélico) como lengua coloquial. Los mitos y las historias de las que nadie pregunta si realmente tuvieron lugar, son parte de la realidad, como la cerveza Guinness en un pub. Así, por ejemplo, se cuenta que Colón –antes de su primer viaje a América en 1492– asistió a una misa en la iglesia de San Nicolás. Como prueba irrefutable de esta historia esgrimen que uno de los miembros de su tripulación se llamase William of Galway.

Según relata otra historia, mucho más dramática que la anterior, el alcalde Walter Lynch ahorcó en 1493 a su propio hijo del marco de una de las ventanas de su mansión porque, al parecer, éste había asesinado a un visitante español. *Lynch's Window* es uno de los lugares de interés turístico de Galway. Se dice que este hecho originó la expresión «la justicia de Lynch».

Galway
■ B 3/C 3

Fundado como pueblo pesquero, la ciudad pronto desarrolló un intenso comercio con los españoles, el cual se recuerda con el *Spanish Arch*.

La temporada alta de Galway es en la época de las **carreras de caballos**, cada año a finales de julio. Durante una semana la ciudad anda de cabeza: las tiendas cierran a tempranas horas de la tarde y todo el mundo se dirige a Ballybrit, donde la magnitud del bullicio hace olvidar a más de uno el verdadero motivo de tanto ajetreo.

Si vuelve a ansiar algo de tranquilidad, vaya a las **islas Arran,** a **Connemara** o **Mayo,** donde no hay nada más que un vasto y solitario paisaje, agua y un cielo en el que podrá observar los cambios de las nubes.

Ahora tiene la ocasión de descansar en el lujoso Great Southern Hotel tomando una taza de té o de reservar su viaje a las *Arran Islands* en la Oficina de Turismo.

Catedral de Galway

LUGARES DE INTERÉS Y EXCURSIONES

Hoteles y otros alojamientos

Ardilaun House
Si desea pasar algunos días en Salt-hill una buena opción es en el Ardilaun House, cerca del mar.
Taylor's Hill
Tlf. 091/21433, Fax 21546
89 habitaciones
Categoría de precios media

Ashford Castle
Durante su viaje por Irlanda, Ronald Reagan se hospedó en este hotel. Pero no sólo por eso Ashford Castle es seguramente el hotel más conocido de Irlanda. El elegante entorno, el estado absolutamente impecable del viejo castillo y la excelente cocina del restaurante propio del hotel justifican su buena fama - y el precio.
Cong
Condado de Mayo
Tlf. 092/46003, Fax 46260
83 habitaciones
Categoría de lujo

Galway Ryan
Buen hotel de categoría media, aunque algo alejado del centro de la ciudad, en un edificio cuyo exterior no es demasiado atractivo.
Dublin Rd.
Tlf. 091/753181, Fax 753187
96 habitaciones
Categoría de precios media

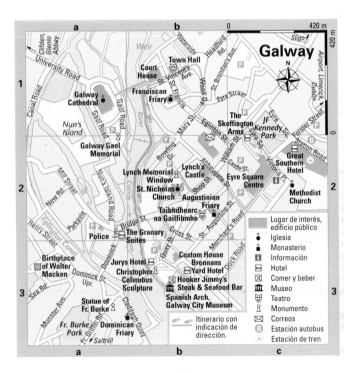

Great Southern Hotel

Si desea alojarse en un lugar céntrico no tiene otra elección que este gran hotel magníficamente restaurado.
Eyre Square
Tlf. 091/64041, Fax 66704
115 habitaciones
Categoría de precios superior

Mrs. M. Murray

Recomendable si no quiere gastarse una fortuna en alojamiento, pero desea comodidad.
St. Martin's
26 Rockbarton Rd./ Upper Salthill
Tlf. 091/21310
3 habitaciones
Categoría de precios inferior

Paseo

Un paseo por las calles de Galway tiene que comenzar en el Eyre Square, el dinámico centro de la ciudad, donde se encuentra también la Oficina de Turismo. Bajamos por la principal calle comercial de Galway, **William Street.** Donde ésta pasa a **Shop Street** (esquina Abbey Street) se halla la famosa casa del alcalde **Lynch.** Bajamos siguiendo esta calle hasta **High Street** y **Quay Street,** donde, además de algunos pequeños restaurantes y buenos pubs, se encuentran en una calle lateral las salas del **Druid Theatre,** uno de los grupos teatrales más conocidos de Irlanda. En el Corrib nos mantenemos a mano izquierda y continuamos hasta el **Spanish Arch,** junto al cual se encuentra alojado el Museo Municipal. De regreso en dirección Eyre Square seguimos **Merchant's Road** hasta llegar al punto de partida de nuestro itinerario.
Lugares de interés

Eyre Square

Originalmente, esta plaza en el corazón de Galway se denominó «The Fair Green». Sin embargo, a principios del siglo XVIII, el entonces alcalde Edward Eyre cedió el parque a la ciudad. Durante los meses de julio y agosto se dan cita aquí lugareños, turistas, excursionistas, mendigos, charlatanes y músicos. Toda esta gente diferente y la plaza con su bello emplazamiento crean un ambiente cautivador.

Lynch's Castle

La casa en la esquina Abbeygate Street / Shop Street es seguramente el palacio medieval mejor conservado de Irlanda, construido a finales del siglo XV. Merecen especial mención los motivos animales esculpidos en piedra: por ejemplo un león, que atrapa y mata entre sus garras a otro animal. Actualmente, el edificio alberga un banco.
Abbeygate St./ esquina
Shop St.

Salmon Weir Bridge

Una ocasión única de contemplar un salmón en su entorno natural en plena ciudad. Durante la temporada de desove, desde el puente cerca de la catedral se pueden observar en las claras aguas del río Corrib cientos de salmones avanzando por una «escalera de salmones» río arriba hasta sus lugares de desove en el Lough Corrib. Pagando una tasa, se puede pescar desde el puente.

Salthill

Algo a las afueras de la ciudad aunque a una distancia accesible a pie, se halla la localidad de Salthill con una amplia playa de arena. La localidad en sí misma, un centro único de diversión con hoteles, bares y salas de juego, seguramente no sea del agrado de todo el mundo. No obstante, merece la pena un paseo por la avenida marítima de unos 3 km de longitud y desde la cual se tiene una maravillosa vista sobre Galway y el Burren. Salthill es muy popular especialmente entre los niños debido a los carruseles y las máquinas de juego.

St. Nicholas

La mayor iglesia parroquial medieval de Irlanda se construyó en 1320 y posteriormente fue varias veces reformada. Está consagrada al patrón de los marineros, San Nicolás de Myra. Según dicen, Colón rezó aquí antes de su primer viaje al Nuevo Mundo para rogar por el éxito de su empresa. En la iglesia se encuentra el sepulcro del desdichado Walter Lynch.

Museo

Galway City Museum

El Museo Nacional se halla junto al Arco Español que fuera construido en 1584 cuando se amplió la muralla original de la ciudad. Su nombre se lo debe a los galeones españoles que solían amarrar en este lugar. El Galway City Museum muestra una interesante mezcla de objetos relativos a la historia de la ciudad.
Spanish Arch
Julio-agosto diariamente 9-17.15 h
Entrada 1 IR£

Comer y beber

Dunguaire Castle

Si no asistió al banquete medieval en el castillo de Bunratty tiene aquí otra oportunidad. Para el entretenimiento de los comensales, se representan pequeñas obras de teatro de escritores clásicos irlandeses.
Kinvarra (16 km al sur de Galway)
Mayo-octubre diariamente 17.30-20.45 h
Condado de Galway
Tlf. 061/360788
Categoría de precios superior

Malt House Restaurant

Un restaurante con bar –algo poco frecuente en Irlanda. Decorado con mucha nostalgia, en el centro de la zona comercial.
Olde Malte Archade
High St.
Tlf. 091/67866
Categoría de precios media

McDonagh's Seafood Bar

Sin duda aquí le servirán pescado fresco a buen precio, en este mismo local hay una pescadería.
Quay St.
Tlf. 091/65001
Categoría de precios media

Compras

Dillons Jewellers

Dillons son los más antiguos fabricantes de los famosos anillos Claddagh –¿en qué otro lugar sino comprarían los irlandeses este anillo tan importante?
1 William St.

Kenny's Bookshop and Art Gallery

Es un gran placer echar un vistazo a esta librería, incluso para quien no esté interesado en arte contemporáneo irlandés o en libros antiguos.
High St.

Treasure Chest

Este establecimiento está orgulloso de su vasto surtido de artículos de regalo.
William St.

Por la noche

Crane and the Clogs

El pub es uno de los «clásicos» Singing Pubs de la ciudad.
Dominick St.

Druid Theatre
El Druid es uno de los grupos teatrales más jóvenes aunque también más conocidos de Irlanda, que presentan sobre todo obras anglo-irlandesas. Chapel Lane. Tlf. 091/68617

King's Head
Pub de folk muy recomendable, donde en verano hay todas las noches actuaciones de grupos musicales. High St.

Neachtain's
Uno de los pubs más antiguos de Galway, cerca del Corrib. 17 Cross St.

The Quays
Este conocido pub se encuentra muy cerca del Druid Theatre. Quay St.

Taibhdhearc na Gaillimhe
Desde 1928 aquí se representan extraordinarias obras de teatro irlandesas –merece la pena verlo aunque no entienda ni palabra. Middle St. Tlf. 091/62024

Servicios

Información
Tourist Information Office
Victoria Place, Eyre Square
Tlf. 091/63081

Taxi
Tlf. 091/61111

Excursiones

Clifden ■ B 3

Clifden es la mayor localidad de Connemara –pero, ¿qué supone esto en una región casi desierta? Cada año en agosto se celebra en esta localidad el **Connemara Pony Show.** Más que a Clifden merece la pena una visita a **Connemara,** una región silenciosa y solitaria –aunque desde siglos también sinónimo de pobreza y miseria. Este lugar no merece llevar el nombre de «tierra«, pues tras un sólo paso sobre sus «praderas» tendrá los zapatos llenos de agua.

Cong ■ B 3

La larga historia del pequeño lugar a orillas del Lough Corrib se remonta a uno de los monasterios más antiguos de Irlanda. Aquí se encuentra también el **castillo de Ashford** del siglo XIII, ahora un hotel de lujo.

Connemara National Park ■ B 3

Uno de los tres parques nacionales protegidos en la región de Letterfrack y Kylemore. Hay senderos que conducen a través de un hermoso paisaje de montes y valles. Existe un centro de visitantes, aunque sólo está abierto de abril a octubre. En cambio, el parque se encuentra abierto durante todo el año.

TOPTEN 8

Coole Park y la Tower at Thoor Ballylee ■ C 4

Para los admiradores de Yeats constituye una obligación imprescindible –para el resto quizá sólo una excursión al interior del país, a uno de los más hermosos parques del oeste. En el Coole Park merece la pena visitar el árbol de los autógrafos («Autograph Tree») con las inscripciones de los mejores literatos irlandeses que se reunieron aquí en la finca de Lady Gregory: George Bernard Shaw, Sean O'Casey, William Butler Yeats y otros. La torre normanda **Thoor Ballylee** es del siglo XVI y fue restaurada por Yeats, quien vivió aquí durante diez años.

Thoor Ballylee
Tlf. 091/31436
Marzo-septiembre diariamente 10-18 h
Entrada 3 IR£, familias 6 IR£.

Knock ■ C 3

Knock es para Irlanda lo que Lourdes para Francia o Fátima para Portugal: el más famoso lugar de peregrinación. Según se cuenta, en 1879 la Virgen María junto con José y Juan se apareció a un grupo de habitantes del pueblo. Hoy se alza en este lugar una enorme basílica que Juan Pablo II visitó en el año 1979 invitado por el párroco James Horan. Quien no sólo consiguió que el Papa visitara Knock –también que se construyera un aeropuerto internacional en las inmediaciones; sin permisos oficiales y en contra de la voluntad de la compañía aérea nacional que no quería saber nada de estas tierras pantanosas eternamente envueltas en niebla. James Horan está enterrado hoy junto a «su» basílica, y el aeropuerto «Horan International Airport» cobra cada vez mayor importancia para el tráfico aéreo comercial.

Westport ■ B 2

La ciudad, que fue construida en el siglo XVIII para el Marqués de Sligo, se encuentra a orillas de la bahía de Clew, en la que, al parecer, hay 365 islas, una por cada día del año. Uno de los lugares de interés de esta pequeña ciudad es **Westport House** con un zoológico «para tocar» que es la delicia de los niños. El castillo rural de principios del siglo XVII se puede visitar. En Westport hay algunos buenos restaurantes, uno de ellos justo a la entrada de la Westport House.

Aún hoy, cientos de peregrinos suben descalzos en señal de penitencia al monte **Croagh Patrick,** al sudoeste de esta pequeña localidad. Al parecer, en el año 441 San Patricio ayunó durante cuarenta días en la cima de esta montaña.

Kylemore Abbey en Connemara National Park

En el sudeste de la República se encuentra Kilkenny, la ciudad medieval mejor conservada de Irlanda - y fama obliga: la imagen de la ciudad se cuida con gran esmero.

Kilkenny

■ D 5

Desde principios de los años 80, mediante la campaña KKB (**Keep Kilkenny Beautiful**) (Mantén Kilkenny hermosa) los habitantes de Kilkenny se han esforzado por reconstruir y conservar la estructura original de la ciudad normanda. Las cadenas de hamburgueserías y los supermercados, que en otras ciudades desfiguran las fachadas de las casas con sus letreros de plástico y luces de neón, fueron "convencidos" en Kilkenny para adaptarse a la imagen histórica de la ciudad. El entusiasmo ha merecido la pena, pues ahora Kilkenny es una de las paradas obligatorias de cualquier itinerario turístico por Irlanda - a pesar de que se halla algo apartado en la carretera nacional Cork-Dublín.

Amplias obras de restauración

Kilkenny Castle, este castillo que fue antigua residencia de una de las familias de más influencia del condado durante siglos, los Butler, es visitado cada año por más turistas que ningún otro monumento de Irlanda. Las amplias obras de restauración han contribuido a preservar el carácter medieval del casco histórico. Exce-

lentes ejemplos de ello lo constituyen **Rothe House, Shee Alms House,** la **catedral de Santa María** y la **abadía Black**. Incluso la **catedral de Santa Canice,** utilizada por las tropas de Cromwell como caballerizas, lo que causó graves desperfectos, es hoy nuevamente una de las catedrales más hermosas de Irlanda.

Centro de artesanía tradicional irlandesa

En el **Kilkenny Design Centre,** justo encima del castillo, se vende bonita artesanía. La **Arts Week,** semana que se celebra cada año en agosto, se ha convertido en uno de los espectáculos más importantes de la República, con conciertos desde clásicos hasta folklóricos, lecturas de libros por los propios autores, pases de películas y muchas cosas más.

Asimismo, desde Kilkenny se llega cómodamente a los lugares de veraneo más hermosos e interesantes del sudeste de la isla: las costas de Waterford y Wexford, los lugares históricos Rock of Cashel y Holy Cross Abbey o las impresionantes ruinas del antiguo monasterio cisterciense Jerpoint Abbey.

Hoteles y otros alojamientos

Foulksrath Castle
Este castillo es el albergue juvenil local. Inmejorable si no le importa dormir en saco. A 12 km del centro de la ciudad.
Condado de Kilkenny. Tlf. 056/67674
58 camas. Categoría de precios inferior

Lacken House
Una pensión sencilla aunque muy acogedora. Tiene la posibilidad de contratar el servicio de una canguro. No deje de visitar el restaurante anexo.
Dublin Rd. Tlf. 056/61085, Fax 62435
8 habitaciones.
Categoría de precios media

Newpark Hotel
Este amplio hotel a casi 2 km de Kilkenny tiene piscina, cancha de tenis, y un parque infantil.
Castlecomer Rd. Tlf. 056/22122,
Fax 61111. 60 habitaciones
Categoría de precios media.

Paseo

Desde el castillo bajamos por la Castle Road hasta la Town Hall (Ayuntamiento) de 1761, detrás del cual giramos a mano izquierda en dirección a la catedral de Sta. María (siglo XIII). Continuamos por la Blackmill Street hasta dar con la Black Abbey, antigua abadía dominica. Cerca de la Black Abbey se halla la catedral de Sta. Canice perteneciente a la iglesia anglicana. Por la Parliament Street regresamos en dirección al centro de la ciudad, pasando por el Town Gate, la Abbey Street y el Rothe House (siglo XVI) hasta que se bifurca la calle. Siempre a mano izquierda, pasamos por el histórico Kyteler's Inn (siglo XIV) hasta la Rose Inn Street, en la que se halla la Shee Alms House (siglo XVI). Desde aquí ya sólo son unos pocos pasos al Kilkenny Castle.

Rothe House

Lugares de interés

Kilkenny Castle
El castillo de Kilkenny, restaurado con gran esmero, es del siglo XII y es uno de los monumentos históricos más destacados de Irlanda. Diariamente 10.30-16.15 h.
Entrada 2 IR£

Rothe House
El único ejemplo bien conservado de Irlanda de una mansión de una rica familia de comerciantes de los tiempos de los Tudor (siglo XVI). Las dimensiones de la casa y su distribución muestran cómo vivían varias generaciones en la misma casa.
Parliament St. Diariamente 10.30-17 h, domingos 15-17 h.
Entrada 1,50 IR£

Smithwicks Brewery
En verano se organizan visitas a la fábrica de cerveza donde se ofrece una degustación.
Parliament St. Tlf. 056/21014. Lunes-viernes 15 h (julio/agosto); punto de encuentro a la entrada. Entrada gratuita, pases en la Oficina de Turismo

St. Canice's Cathedral
La iglesia, del siglo XII, se ha restaurado conservando su estilo original. En el lado sur se encuentra una de esas torres circulares tan típicas en Irlanda. Church Lane. Diariamente lunes-sáb. 10-13 h y 14-16 h; domingos 14-16 h

Comer y beber

Club House Hotel
Si le encantan los jugosos chuletones irlandeses, éste es el lugar más indicado. El menú turístico es extraordinario.
Patrick St. Tlf. 056/21994
Categoría de precios superior

Kilkenny Design Centre Restaurant
Conocido por su variedad en ensaladas y platos vegetarianos. Enfrente del Kilkenny Castle. Castleyard. Tlf. 056/22118
Categoría de precios inferior

Compras

Kilkenny Design Workshops
Aquí puede adquirir artículos elaborados artesanalmente de vidrio, madera y metales nobles. El Kilkenny Design Shop es una de las tiendas de artesanía más bonitas de Irlanda, precios en concordancia. Castle Rd.

Por la noche

Edward Langton Bar
Este pub ha ganado muchos premios nacionales por su decoración y su servicio. También es recomendable su restaurante anexo. 69 John St.

Kyteler's Inn
El pub, originalmente tienda y bar de Alice Kyteler, apenas ha cambiado en los últimos 600 años. Alice, después de haber sido acusada de brujería, huyó hace algunos cientos de años al extranjero. Hoy es un restaurante. St. Kieran St.

Servicios

Información
Tourist Information Office
Shee Alms House. Rose Inn St.
Tlf. 056/51500

Taxi
Tlf. 056/61333

Excursiones

Dunmore Caves ■ D 5

Estas cuevas, abiertas sólo en verano, se mencionaban en los anales del siglo IX. Son propiedad del Estado y han sido declaradas monumento nacional. Se hallan a 10 km al norte de Kilkenny. Ballyfoyle
Mediados de marzo-mediados de junio: martes-sábado 10-17 h, domingos 14-17 h; mediados de junio-mediados de septiembre: diariamente 10-17 h. Entrada 2 IR£

Jerpoint Abbey ■ D 5

Se levanta la abadía a 20 km al sudeste de Kilkenny. Las ruinas del antiguo monasterio muestran el estilo de construcción de los cistercienses. La abadía se fundó en 1180, siendo disuelta en 1540. A Jerpoint Abbey también se puede llegar en autobús.

Rock of Cashel ■ C 5

En la carretera nacional de Dublín a Cork, cerca de la localidad del mismo nombre, se encuentra la «acrópolis irlandesa«. La catedral del siglo XIII en la altiplanicie (90 m) domina todo el contorno. En la destacada roca se hallaba en el siglo IV la cuna de los reyes de Munster.

TopTen 1

Thurles ■ C 5

La historia de esta pequeña ciudad mercantil en el River Suir con sólo 10.000 habitantes se remonta hasta la Edad Media. Dispone de los restos de dos fortificaciones del siglo XII. En Thurles no existe el turismo de extranjeros. Representa una buena ocasión para conocer la verdadera vida rural en pleno condado de Tipperary. Recomendamos pasar la noche en una de las granjas, que mantienen preparados unos alojamientos acondicionados para familias (incluso para las que viajan con niños pequeños). Thurles se encuentra aproximadamente a 25 km al oeste de Kilkenny.

Hoteles

Inch House
Una casa de campo de 300 años de antigüedad, situada a 7 km de Thurles en la carretera a Nenagh. Desde hace varios años, la familia Egan está renovando con gran lujo de detalle el edificio principal. Su cocina es excelente, aunque solamente es para los huéspedes.
Mrs. Nora Egan. Bouladuff. Condado de Tipperary. Tlf. 0504/51348. 5 habitaciones
Categoría de precios inferior

Ballynahow Castle Farm
Una granja histórica a la sombra de las ruinas de un castillo del siglo XVI (monumento nacional), ubicada a 5 km de Thurles en la carretera a Limerick (pasando por Newport).
The Finn Family. Ballycahill

SUGERENCIA

Waterford Castle: El único modo de llegar a este hotel, que dispone de toda la isla para sí, es con el transbordador propio del hotel. The Island Ballinakil, condado de Waterford, Tlf. 051/78203; 19 habitaciones, categoría de lujo. ■ D 6

Las ruinas de Rock of Cashel en la altiplanicie cerca de Kilkenny

Condado de Tipperary. Tlf.
0504/21297
3 habitaciones
Categoría de precios inferior

Lugares de interés

Holycross Abbey ◼ C 5
Antiguo monasterio cisterciense situado a 6 km al sur de Thurles a orillas del River Suir, ha sido magníficamente restaurado y es uno de los ejemplos más hermosos del gótico tardío irlandés.

Waterford ◼ D 6
Esta ciudad portuaria es mundialmente famosa especialmente por su extraordinaria manufactura de cristal, la Waterford Cristal (visitas de lunes a sábado 8.30-15.30 h y los domingos 10-15.30 h, Tlf. 051/73311).
A 9 km al sur del lugar, la playa de Tramore con su arena fina atrae los fines de semana a excursionistas de todo el condado. El paisaje solitario de los contornos de Dunmore East fue escenario del rodaje de la adaptación cinematográfica del bestseller «Echoes» de Mae Binchy. El emblema de la ciudad es la Reginald's Tower.

Wexford ◼ D 6
Quizá sea el punto de partida de su viaje al interior de Irlanda, pues uno de los puertos más importantes, Rosslare, se halla en Wexford y es el más cercano al Continente. Aquí encontratá el parque John F. Kennedy cuya familia desciende de Dunganstown (New Ross). Wexford tiene algunas playas maravillosas y es el lugar de veraneo de muchos dublineses. El Festival de Opera de Wexford que se celebra en otoño tiene renombre internacional.

Donegal es el condado más al norte de la isla, donde las condiciones de las carreteras empeoran por momentos. Aunque en este libro no hemos dedicado ningún capítulo a este condado, la belleza de sus acantilados bien merecen un viaje.

La atracción de Killarney radica en su excepcional ubicación en las montañas de Kerry, en sus lagos de montaña de extraordinaria belleza y una densa vegetación.

La localidad (aprox. 10.000 habitantes) y sus alrededores se han adaptado completamente al negocio del turismo. A partir de junio, la mayoría de las casas se transforman en un *Bed & Breakfast,* de modo que incluso en la temporada alta nunca tendrá problemas para encontrar alojamiento. Cada año, Killarney despierta de su letargo invernal para convertirse durante el breve tiempo del verano en la ciudad más vivaz de Irlanda. En cambio, durante los meses de invierno, la gente se recupera del bullicio y el

Killarney
■ A 5/B 5

ajetreo de la temporada estival y el lugar parece desierto.

La marca de la casa: una buena organización

Lo que en otras partes del país a menudo hay que planear por iniciativa propia aquí ya está organizado todo hasta el más mínimo detalle y varias agencias organizan circuitos de media jornada. A diferencia de Donegal, Connemara o Cavan, donde los senderos y lugares de interés, a menudo, sólo se pueden en-

Killarney se convierte, durante el vrano, en la ciudad más viva de Irlanda

contrar con la ayuda de los lugareños, Killarney posee innumerables indicadores que le guiarán. Puede fiarse de las indicaciones de dirección. A excepción del entretenimiento que ofrecen los pubs, cabarets y las carpas de baile, el lugar no tiene mucho más que ofrecer.

Los lugares de interés se hallan en las afueras

No debería perderse una excursión a *Muckross House y sus jardines,* a los famosos lagos o las **cataratas de Torc,** tanto si es en coche, como en bicicleta (si va en plan ecológico), a pie o en autocar. Seguramente, los medios de transporte más originales para realizar un recorrido turístico por Killarney son los *Jaunting Cars* –unos coches de caballos cuyos cocheros, denominados *Jarveys,* son, según los experimentados trotamundos, semejantes a los taxistas marroquíes y los gondoleros venecianos por su habilidad comercial. Por tanto, ... está usted avisado.

Killarney es el punto de partida ideal para rutas algo más alejadas, como a Tralee, Dingle con las islas Blasket, *el Ring of Kerry*, las rocas Skellig y Glengarrif.

Hoteles y otros alojamientos

Lake Hotel
Reserve una de las habitaciones nuevas con vistas al lago inferior (Lough Leane). Cerca del centro de Killarney.
Muckross Rd.
Tlf. 064/31035, Fax 31902
66 habitaciones
Categoría de precios media

Mrs. N. O'Sullivan
Servicio Bed & Breakfast, a la vez que unas vacaciones hípicas en los Killarney Riding Stables.
Ballydowney
Tlf. 964/31686, Fax 34119
4 habitaciones
Categoría de precios inferior

Parknasilla
El Great Southern Hotel se asemeja bastante a la idea que tenemos de un castillo de cuento de hadas: No es solamente su emplazamiento justo sobre el Atlántico, sus cuidados jardines alrededor del hotel y su decoración de época, la cual, a pesar de su antigüedad no desmerece nada del confort moderno, es todo eso y mucho más. El único inconveniente de este castillo de cuento de hadas es que sólo los príncipes de los cuentos pueden permitirse el lujo de cenar aquí. En cambio, pasar la noche es asombrosamente económico.
Sneem
Condado de Kerry
Tlf. 064/45122, Fax 45323
84 habitaciones
Categoría de precios superior

TOPTEN 5

The Súgán
Este albergue, situado céntricamente, está bellamente adornado con flores y plantas.
Lewis Rd.
Tlf. 064/33104
30 camas
Categoría de precios inferior

Recorrido turístico por la ciudad

En lugar de nuestro habitual paseo, recomendamos realizar un recorrido turístico por la ciudad en uno de los coches de caballos típicos de Killarney, los **Jaunting Cars.** Estos coches paran justo al lado de la *Town Hall* (Ayuntamiento) y la Oficina de Turismo en *Main Street*. Intente negociar con el cochero –no hay mayor diversión en Killarney.

Museo

The National Museum of Irish Transport

Excepcional colección de automóviles antiguos, bicicletas y otros medios de locomoción. El placer especial, seguramente, es contemplar el Mercedes del año 1889, el primer automóvil que circuló por las carreteras irlandesas.
Scott's Hotel Gardens
East Ave. Tlf. 064/32638
Diariamente 10-18 h (marzo-octubre)
Entrada 2,50 IR£

Comer y beber

Foley's Townhouse

En el restaurante regentado por Denis y Caroline Hartnett no sólo la comida es excelente sino también el servicio.
23 High St. Tlf. 064/31217
Categoría de precios superior

Gaby's Seafood Restaurant

Desde que los propietarios flamencos de este restaurante en Dingle comenzaran su andadura con un puesto de pescado y patatas fritas han aprendido mucho del negocio.
27 High St.
Tlf. 064/32519
Categoría de precios superior

Compras

Lewis Gallery

Aquí se exponen y venden obras de los artistas del condado de Kerry.
Bridewell Lane

Maybury's

Si al final de sus vacaciones aún le sobra algo de dinero, podrá adquirir aquí una pieza del noble cristal de Waterford. Sin embargo, se llevará un buen susto cuando vea los precios.
Main St.

Quill's

Esta tienda es el lugar idóneo en Killarney si anda buscando prendas de lana, como jerseys hechos a mano, o tejidos de tweed.
Main St.

Por la noche

Gleneagle Hotel

En realidad es un hotel deportivo y, aún así, es conocido en toda Irlanda por motivos bien diferentes. Durante los meses estivales se dan cita aquí los músicos irlandeses más conocidos: desde Christie Moore hasta los Woolfe Tones, de rebelde talante republicano.
Muckross Rd. Tlf. 064/31870

The Laurels

Es el mejor lugar en Killarney para escuchar baladas irlandesas. Aquí aguantará sin problema hasta la hora de cerrar tomándose una cerveza Guinness.
Main St.

Molly Darcys

A sólo 15 minutos de distancia de Muckross House se encuentra uno de los pubs con el más hermoso emplazamiento de toda la isla.
Kenmare Rd.

Scotts Hotel Drome

Aquí se encuentra una gigantesca carpa donde se toma cerveza y que tiene anexos varios puestos de salchichas, bares y algunas pequeñas tiendas. Cuando hace buen tiempo es difícil encontrar sitio. Lo más asombroso es su público: aquí se dan cita toda clase de personas, con edades com-

prendidas entre 1 y 100 años, a quienes les gusta el baile, la música divertida y la buena compañía.
College St.

Scoundrels Nite Club
Este local comienza a llenarse a partir de las once de la noche –cuando los demás pubs cierran sus puertas.
Main St.

Tattler Jack's
Es un pub de música folk, al que ya acudían anteriores generaciones. Le resultará difícil encontrar en Killarney otro bar con un ambiente parecido al que hay aquí. Durante los meses estivales se escucha música folk todas las noches.
Oliver Plunkett St.

Servicios

Información
Tourist Information Office
Town Hall. Tlf. 064/31633

Excursiones en autocar
Deros Tours es una de las compañías de autocares que cubren los recorridos clásicos de Killarney: Ring of Kerry, Gap of Dunloi, Muckross House y Gardens, viaje en barco por los lagos de Killarney. El precio para un día es de unas 10IR£ por persona.

Taxi
Tlf. 064/31331

Excursiones

Derrynane National Historic Park ■ A 6
Este parque nacional no sólo reviste interés para los amantes de la flora y fauna de Kerry, los cuales pueden bajar caminando por el sendero bien señalizado, atravesando las dunas hasta la bahía de Derrynane o (con marea baja) hasta la isla de Abbey. También los interesados por la historia podrán disfrutar aquí de lo lindo.

Este Gallarus Oratory en la península de Dingle tiene más de mil años de antigüedad

Lugares de interés

Derrynane House

En medio del parque se halla la antigua casa señorial de Daniel O'Connell, hoy transformada en museo. Entre otras cosas, dió nombre al Dublin O'Connell Bridge.

Tlf. 0667/5113 (Ms. Maher)

Entrada 1,40 IR£

Diariamente 13-17 h (excepto lunes)

Dingle ■ A 5

En la impresionante península en la costa oeste, la cultura y lengua irlandesas han podido sobrevivir hasta el siglo XX.

TOP TEN 2

En Dingle ya se han encontrado más de 2.000 lugares de importancia arqueológica. No pierda la oportunidad de disfrutar de las impresionantes vistas de las **islas Blasket,** una de las cuales es propiedad del antiguo Primer Ministro Charles Haughey.

Glengarrif ■ A 6

Desde aquí se pueden emprender excursiones en barca a los jardines italianos en la **isla Garinish,** en coche (o en bicicleta si tiene la condición física necesaria) a las montañas de **Gougane Barra,** posiblemente el parque forestal más bonito de Irlanda, situado a orillas de un lago. Posee unos excelentes senderos para caminar. Para los más activos se encuentra en Glengarrif el punto de partida hacia la **Beara Walk** (Paseo Beara) en la isla del mismo nombre y a las **montañas Caha.**

Inisfallen ■ A 5

En la pequeña isla en el **Lough Leane,** a 1,5 km de *Ross Castle,* se encuentran las ruinas de un antiguo monasterio, en el cual, según cuenta la historia, fuera educado Brian Boru, el primer rey de Irlanda.

Killarney National Park ■ A 5/B 5

Es uno de los tres parques nacionales y cuenta con las **cataratas de Torc** y el **Muckross House.** El sendero **Killarney Way** atraviesa todo

el parque nacional, además existe la posibilidad de escalar los **Mac Gillycuddy's Reeks,** aunque sólo con un guía especializado. Obtendrá información sobre el parque nacional y mapas en la oficina de información del parque en *Muckross House* y, en los meses estivales de julio a septiembre, en las propias cataratas de Torc y el *Knockreer House.*

Lugares de interés

Muckross House and Gardens

Esta antigua casa señorial, por sus dimensiones casi un castillo, es propiedad del Estado y alberga un pequeño museo muy interesante con talleres de artesanía del siglo XIX. Alrededor de la casa se extienden los jardines de Muckross con espesos rododendros. Julio, agosto: diariamente 9-17.30 h
Tlf. 064/31440
Entrada al museo 2,50 IR£

Killorglin ■ A 5

Cada año del 12 al 14 de agosto se celebra la **Feria de Puck** en recuerdo del día en que un rebaño de cabras salvara a *Killorglin* de las tropas de Cromwell. Las cabras corrieron berreando por las calles del pueblo y alertando a la población, que de este modo, dispuso del tiempo suficiente para preparar su defensa. Desde el lugar se tiene una buena vista a los **MacGillycuddy's Reeks** que se alzan algo más al sudeste. Killorglin tiene poco más de mil habitantes y se encuentra a 21 km al oeste de Killarney.

Ring of Kerry ■ A 5/A 6

Durante el viaje por el *Ring of Kerry* descubrirá un paisaje como no existe en toda Europa. Favorecida por la corriente del Golfo y el clima cálido, la vegetación es casi subtropical. Recomendamos hacer una parada en el **Gap of Dunloe** y en el mirador **Lady's View.**

Skellig Rocks ■ A 6

Skellig Michael, la mayor de las rocas que se alzan en la costa sudoeste sobre el Atlántico, tiene una altura de unos 300 metros. Aquí, a 12 km de la costa y a una distancia aproximada de 25 km de Valentia, se halla un antiguo monasterio del siglo VI. Muy probablemente, **Sceilg Mhichil** fuera fundado por San Finan. Se encuentra en el norte de la isla, al final de una escalera que, con sus más de 500 escalones, se hace infinita para quien la sube. El monasterio fue varias veces atacado por piratas y por los vikingos en el año 823. Se cree que los monjes abandonaron las rocas de Skellig el siglo XII. La isla da cobijo a muchas especies diferentes de aves, un auténtico paraíso para los ornitólogos. Si hace buen tiempo sale un barco desde Portmagee hacia Skellig a las 10.30 h. Duración del viaje: 5,5 horas, reservas por teléfono: Mr. Casey, Tlf.066/7 24 37

Lugares de interés

The Skellig Experience

La exposición ofrece una información detallada sobre las Skellig Rocks. Se dividió en cuatro secciones temáticas: la vida y el trabajo de las órdenes religiosas, la historia de los faros, las aves marítimas que habitan Skellig Rocks y la fauna submarina alrededor de las rocas. Información telefónica se facilita a través de la Oficina de Turismo de Killarney:
Tlf. 064/31633
Abril-junio y septiembre: diariamente 10-16 h; julio y agosto: 9.30-19 h

Tralee ◼ A 5

En las afueras de Tralee nació San Brendan, quien, según cuenta la leyenda, descubriera América ya en el siglo VI. Además, la ciudad es conocida por el Festival de la **Rose of Tralee,** que se celebra cada año a finales de verano. El **Siamsa Tire Floklore Theatre** se encarga de mantener la tradición folclórica del lugar. Este grupo teatral obtuvo un gran éxito en sus giras por todo el mundo. Sus actuaciones muestran artísticamente un modo de vida que hoy apenas puede encontrarse.

Museo Kerry The Kingdom

Valentia Island ◼ A 5

La isla, comunicada con tierra firme por un puente en Portmagee, se encuentra al oeste de Killarney. Las aguas alrededor de Valentia se cuentan entre las mejores zonas de todo el mundo para practicar submarinismo. La isla en sí es minúscula, sólo tiene 3 km de ancho por 11 km de largo. Menos de mil personas viven aquí, un número que aumenta considerablemente durante el verano. La última vez que Valentia salió en los titulares de los periódicos internacionales fue en 1866, cuando el buque de cableado «The Great Eastern» después de varios intentos fallidos consiguiera instalar el primer cable transatlántico desde el extremo sudoeste de la isla. La terminal hace ya tiempo que no está en funcionamiento y ha sido sustituida por modernas instalaciones vía satélite. Entre otras cosas, merece la pena una visita a Valentia por su **Heritage Centre.**

El Fuerte Staigue en King of Kerry.

sta ciudad industrial, que se extiende a orillas del río Shannon, esconde sus encantos detrás de una fachada sucia y descuidada.

Limerick
■ C 5

Limerick es una zona muy industrializada y densamente poblada.

Aún hoy, el resto de Irlanda sigue mirando con aire de desprecio a esta ciudad a orillas del río Shannon, la cuarta de Irlanda en cuanto a número de habitantes (60.000). Limerick está considerada como una ciudad descuidada e inculta, sobreindustrializada y rural al mismo tiempo. Además, hay que añadir un índice de criminalidad superior a la media nacional, lo que convierte la ciudad en uno de los lugares más impopulares de la República. No obstante, también Limerick tiene su movida.

En investigación, Limerick está en cabeza

Limerick sigue siendo una ciudad industrial, aunque hace tiempo que ya no lo es en el sentido tradicional de la palabra. La ciudad se ha convertido en un centro de la industria de alta tecnología, con una universidad a la que pertenece un centro de investigación, ambos entre los más modernos de Europa. Ya en el año 1945 se inauguró el *Shannon International Airport* con un polígono industrial anexo (puerto franco). Entretanto, el *Shannon Industrial Estate* reviste importancia mundial para muchos sectores industriales ultramodernos, desde la microelectrónica hasta la asistencia técnica de los modernos aviones. Compañías aéreas como Lufthansa, Swiss Air y Aeroflot traen aquí a sus aviones a revisión. El pabellón de conciertos inaugurado en otoño de 1993 en el campus de la universidad, un poco apartado del centro, está considerado como el más moderno del país.

El núcleo urbano de Limerick, la tercera ciudad más antigua del país, se encuentra al sur del Shannon, allí donde el río desemboca en el Atlántico. Los distritos más importantes son la antigua English Town (el núcleo primitivo y el puerto), la reciente *Irish Town* (que originalmente se hallaba fuera de la muralla de la ciudad) y el barrio georgiano del siglo XVIII *Newtown Perry.* En este último se encuentran hoy los centros comerciales y hoteles más importantes.

Limerick es el punto de partida de las excursiones a los parajes más hermosos del oeste de Irlanda: los acantilados de Moher, Doolin, Lisdoonvarne y el paisaje del Burren.

LUGARES DE INTERÉS Y EXCURSIONES

Hoteles y otros alojamientos

Adare Manor House
La casa de campo se encuentra en medio de un gigantesco jardín perteneciente a la casa.
A 16 km de Limerick
Adare
Condado de Limerick
Tlf. 061/396566, Fax 396124
64 habitaciones
Categoría de lujo

Dromoland Castle
Es uno de los hoteles más importantes de Irlanda. Aquí encontrará un alojamiento realmente digno de reyes.
Newmarket-on-Fergus
Shannon
Condado de Clare
Tlf. 061/368144, Fax 363355
73 habitaciones
Categoría de lujo

Mrs. P. Keane
Un Bed & Breakfast, en propiedad familiar, en la carretera a Clare. Este es el lugar adecuado si desea alojarse económicamente y en un ambiente familiar.
Santolina, Coonagh
Ennis Rd.
Tlf. 061/451590
6 habitaciones
Categoría de precios inferior

Jury's Hotel
Un hotel moderno con vistas al Shannon.
Hay 5 minutos a pie hasta el centro de la ciudad.
Ennis Rd.
Tlf. 061/327777, Fax 326400
95 habitaciones
Categoría de precios superior

Paseo

Comenzamos nuestro paseo por la ciudad en su barrio más antiguo, la

English Town, con una visita al *castillo de King John.* Más al sur, pasando por la catedral de Santa María y el palacio de justicia *(City Court)* y después de cruzar el **puente Matthew,** giramos a mano izquierda en dirección al *Granary.* La *Broad Street* nos llevará directamente a **St. John's Cathedral,** desde donde ya sólo restan unos minutos a pie hasta **People's Park. O'Connel Street,** la calle comercial más importante de Limerick, se encuentra solamente un bloque más al oeste. Paseamos en dirección norte echando un vistazo a algunas de las calles laterales, donde se encuentran las **casas georgianas** más hermosas aún conservadas de Limerick (p.ej. **Mallow Street**). Subimos hasta **Sarsfield Street,** la cruzamos y regresamos por **Patrick Street** de nuevo hasta el punto inicial de nuestro recorrido. Si quiere desviarse por alguna de las calles laterales, a mano izquierda llegamos a la ribera del río más largo de Irlanda, el Shannon.

Lugares de interés

King John's Castle
Los normandos construyeron este castillo a principios del siglo XIII para el rey John. Desde entonces se han ampliado y reformado algunas partes del castillo, por ejemplo una de las torres de las esquinas.
Castle Parade
Lunes-viernes 9.30-16.30 h, sábados y domingos 12-16.30 h
Tlf. 061/411201
Entrada 3,30 IR£

St. Mary's Cathedral
Esta catedral, ahora protestante, fue construida a finales del siglo XII en estilo románico por Donal O'Brien, uno de los hombres más poderosos de la provincia de Muns-

ter. Las partes mejor conservadas de este tiempo son las columnas en el lateral occidental de la fachada y el pórtico.
Killaloe Rd.
Lunes-sábado 9.30-12.45 h y 14.15-17 h

Comer y beber

Molldarby's Restaurant
Aquí sirven desde una sencilla hamburguesa o una pizza hasta un jugoso chuletón. Posee un ambiente agradable y se encuentra cerca del City Court y la Granary.
8 Georges Quay
Tlf. 061/417270
Categoría de precios inferior

Restaurant de la Fontaine
También podrá degustar cocina francesa en Limerick. Sus conocimientos de francés le ayudarán a comunicarse con el chef, Alain Bres.
12 Upper Gerald Griffin St.
Tlf. 061/414461
Categoría de precios media

The Upper Krust Restaurant
Es un restaurante muy concurrido en el centro de la ciudad que presenta un menú económico.
Williams Court
Williams Street
Tlf. 061/43022
Categoría de precios inferior

Compras

O'Mahony's Bookstore
Una librería muy bien surtida con unos dependientes extraordinariamente amables y solícitos. Está especializada en la historia de Limerick.
O'Connell St.

Riverrun Gallery
En esta galería se exponen y pueden comprarse pinturas y obras de diferentes artistas de la región del Shannon.
Sarsfield Bridge

Por la noche

Belltable Arts Centre
Durante la temporada de teatro, la Island Theatre Company representa aquí obras de autores irlandeses.
69 O'Connel St. Tlf.061/319866

Nancy Blake's
Durante los meses de verano ofrecen música tradicional irlandesa los martes y domingos por la noche.
Denmark St.

Speakeasy
Después de las 23 h, cuando los demás pubs cierran, éste se llena. No se recomienda acudir en estado sobrio si desea participar del ambiente.
O'Connel St.

Vintage Club
Aquí se suele tocar música tradicional irlandesa, normalmente miércoles y viernes.
Ellen St.

Willie Sexton's
Este pub suele ser frecuentado principalmente por estudiantes.
Henry St.

Servicios

Información
Tourist Information Centre
The Granary
Michael St.
Tlf. 061/317522

Taxi
Tlf. 061/313235

Excursiones

Aillwee Caves ■ C 4

Estas fantásticas cuevas de estalactitas están muy ramificadas y cuentan con un río subterráneo. Fueron tan bien acondicionadas que en 1978 recibieron el Premio Europeo de Arquitectura. Forman parte del complejo una librería y tienda de recuerdos, así como un pequeño restaurante. El acceso más fácil es por Ballyvaughan.

Diariamente 10-17.30 h; julio y agosto 10-18.30
Tlf. 065/77036
Entrada 3 IR£, entrada familiar 10 IR£
Visitas guiadas cada 20 minutos

Bunratty Castle y Folkpark ■ B 4

En el Folkpark detrás del castillo se han reconstruido más de 20 casas de los condados de Clare, Limerick

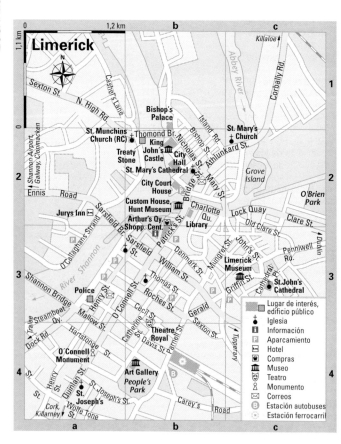

Limerick

78

y Tipperary. Gracias a diferentes efectos especiales –hogueras humeantes, toallas dejadas casualmente sobre el respaldo de una silla, etc.– el pueblo adquiere un aspecto real.

Comer y beber

**Bunratty Castle
Medieval Banquet**
Por el precio de 29,50 IR£ podrá cenar, a las 17.30 h y 20.45 h, en un ambiente medieval con trovadores y todo lo que forma parte de un banquete de aquellos tiempos. Se recomienda hacer reserva.
Tlf. 061/471788
Categoría de precios superior

Durty Nelly Pub
Es uno de los pubs más famosos de Irlanda - no solamente entre los turistas, también entre los lugareños. El bar, situado justo al lado del castillo de Bunratty, no ha perdido con el paso de los siglos nada de su carácter de local rural. Los fines de semana soleados, a menudo está tan concurrido que es difícil conseguir sitio. Posee un restaurante anexo.
Tlf. 061/364861

Burren ■ B 4/ C 4
El Burren es una zona cárstica única en Europa, con una asombrosa combinación de arbustos y hierbas. Aquí, en el norte de Limerick y cerca de la localidad de Ballyvaughan, parece que acaba de concluir la última glaciación. Los botánicos de todo el mundo acuden a este lugar para estudiar este conjunto excepcional de flora alpina, ártica y mediterránea. El Burren Display Centre en Kilfenora está abierto entre Semana Santa y octubre (Itinerarios).

Cappamore ■ B 4/ C 4
A escasos 20 km de Limerick se halla el diminuto pueblo de Cappamore, cuyo pub O'Dywer's es de lo mejorcito que ofrece la escena de pubs en Irlanda. El pub, propiedad de la familia O'Dywer desde 1919, aún posee incluso una tienda de alimentación –como antiguamente todos los pubs rurales.

Cliffs of Moher ■ B 4
Desde estos acantilados que se alzan a gran altura sobre el Atlántico se tiene una vista espectacular. Suba hasta la O'Brien's Tower. A pesar de que se han acondicionado unos senderos relativamente buenos y seguros, se recomienda extrema precaución - sobre todo con mal tiempo.

TOPTEN 6

Craggaunnowen Castle ■ C 4
Aquí, a 13 km al noroeste de Limerick, cerca de Quin, se expone, entre otras cosas, la barca de cuero con que navegara el aventurero Tim Severin entre 1976-77 desde Irlanda a Terranova. Según cuenta la leyenda, el monje irlandés San Brendan («Brendan the Navigator») recorriera el mismo trayecto ya en el siglo VI en una barca de características parecidas. Además, existe aquí un castillo normando.

Doolin ■ B 4
El minúsculo pueblo en las proximidades de los acantilados de Moher y justo enfrente de las **islas Arran** se convierte durante los meses estivales en escenario de un improvisado y espontáneo festival musical. Hace tiempo que Doolin dejó de ser un lugar desconocido por la gente. Aún así, merece la pena una visita –aunque sólo sea porque desde Doolin los transbordadores a las islas

LUGARES DE INTERÉS Y EXCURSIONES

Arran realizan el trayecto más corto. Durante los meses de verano, hay combinación por las mañanas a las 10 h hasta Inishee (13 IR£) y a Inishmore (18 IR£), respectivamente. (Tlf. de información 065/74455)

Lisdoonvarna ■ B 4

Ya casi nadie viene a este pequeño balneario por sus aguas de alto contenido en azufre, sino por uno de los festivales más famosos de Irlanda: el Matchmaking Festival que se celebra cada año en septiembre.

Quienes se atrevan a asomarse tanto en los Cliffs of Mother no deberían tener vértigo

S
ligo es el centro del noroeste, una región que, por su belleza natural, es una de las más atractivas de la República de Irlanda.

De todo lo que usted pueda desear en Irlanda, aquí lo encontrará: un paisaje impresionante que poco tiene que envidiar a las montañas de Killarney; una costa de las más salvajes de Europa; un paraíso para los surfistas con sus amplias y solitarias playas; un gran número de lugares de interés para los turistas fascinados por la historia y la literatura, como por ejemplo Carrowmore o la tumba del Premio Nobel de Literatura William Yeats.

Sligo
■ C 2

En esta región, el irlandés sigue siendo para muchas personas su lengua materna. Y, a pesar de que la vida a menudo es bastante dura, las gentes en el noroeste son conocidas por su cordialidad y alegría de vivir.

La ciudad da la impresión de estar emplazada en un entorno ajeno a ella. En realidad, debe su aspecto actual y su carácter a las plantaciones realizadas a mediados del siglo XVII por Cromwell. En esa época, hace

Sligo es la capital de «Yeats-Country»

más de 300 años, Oliver Cromwell regaló los terrenos de la comarca, propiedad de los granjeros irlandeses, a sus fieles vasallos con los que anteriormente había arrasado Irlanda convirtiéndola en cenizas. De ese modo, en el transcurso de unos años, las familias tan arraigadas a estas tierras como los O'Connor y los O'Dowd fueron expulsados. Desde entonces, los Cooper y los Wynner son los que han dominado la imagen de la ciudad.

Siguiendo los pasos del poeta W. B. Yeats

Muy próxima a la localidad se encuentra **Lissadell House**, la casa de campo de la condesa Constance Markievicz - una influyente amiga de Yeats y feminista en unos tiempos en los que aún se desconocía dicha palabra. No muy lejos de aquí, en la pequeña localidad de **Drumcliff**, se halla la sencilla tumba del famoso poeta, en cuya lápida se inscribieron, según sus propias indicaciones, las siguientes palabras: «*Cast a cold eye on life, on death, Horseman, pass by*». ("Contemple con fría indiferencia la vida y la muerte, caballero, no se detenga aquí") Al otro lado de Sligo, al sur del centro de la ciudad, se encuentra el *Lough Gill* con la isla **Inishfree**, que se hizo famosa gracias a una de las mejores poesías de Yeats. Cada año en agosto, amantes de la literatura acuden a Sligo desde Europa, Estados Unidos, Japón y Australia para participar en los cursillos de la **Yeats Summer School** (Escuela de verano). En los últimos años, el culto a Yeats se ha convertido en un próspero negocio para la ciudad. Pubs y restaurantes, salones de té y hoteles esperan sacar provecho utilizando su nombre. Incluso toda la región alrededor de Sligo se presenta a los turistas como «*Yeats-Country*».

Sligo es un punto de partida idóneo para las excursiones a **Donegal.** Como la condición de las carreteras empeora considerablemente según se avanza hacia el norte, es imposible explorar el condado más norteño de la isla en excursiones de una jornada. Por tanto, es más aconsejable tomarse varios días para ello y alojarse en un hotel en la zona de Donegal Town. Desde allí podrá realizar excursiones cortas a los alrededores y a los parajes naturales más hermosos del noroeste irlandés.

Hoteles y otros alojamientos

Bruckless House
Se encuentra a 84 km de Sligo en la carretera a Killybegs. Representa un punto de partida ideal para excursiones de exploración al norte de Donegal. Posee una explotación propia de cría de los mundialmente famosos ponis de Connemara.
Bruckless, condado de Donegal
Tlf. 073/37071, Fax 37070
4 habitaciones
Categoría de precios media

Mrs. M. Conway
Sencilla pensión al norte de Sligo, en la carretera a Donegal, en un emplazamiento extraordinariamente tranquilo.
Stonecroft, Kintogher
Tlf. 071/45667
4 habitaciones
Categoría de precios inferior

Makree Castle
Es uno de los castillos habitados más antiguos de Sligo, a cuya restauración su propietario, Charles Cooper, ha consagrado su vida. Anexo al hotel se encuentra el restaurante Knockmuldowney, agradable y acogedor.
A 30 minutos de Sligo en la N4
Colloney
Condado de Sligo
Tlf. 071/67800, Fax 67840
11 habitaciones
Categoría de precios superior

Sligo Park
Un hotel moderno con un centro de recreo anexo, tiene sauna, solario, gimnasio y piscina con una parte para niños.
Al sur del centro de la ciudad, en medio de un parque propiedad del hotel.
Pearse Rd.
Sligo
Tlf. 071/60291, Fax 69556
89 habitaciones
Categoría de precios superior

Paseo

Desde **County Library** en la Stephen Street al lado sur del río Garavogue caminamos en dirección este y giramos a mano derecha a **Bridge Street,** la cual seguimos cruzando el puente en dirección a la **abadía de Sligo,** uno de los edificios más antiguos de la ciudad. Al oeste de aquí,

Abbey Street y posteriormente **Castle Street** nos conducirán hasta uno de los monumentos históricos más importantes de Sligo, la **St. John's Cathedral** (siglo XVII). Retrocediendo unos pasos y girando a la izquierda, encontraremos la calle comercial principal de Sligo, **O'Connell Street.** Siguiéndola en dirección norte regresamos al Garavogue River.
Stephen Street es el punto de partida del itinerario señalizado **Tourist Trail.** Con la ayuda de un folleto que se obtiene en la Oficina de Turismo, el recorrido de unos 90 minutos de duración promete una introducción a la historia de la ciudad. No obstante, sólo hay recorridos con guía durante los meses de verano. Dichos recorridos parten de la Oficina de Turismo.

Lugares de interés

Sligo Abbey
El monasterio dominico del siglo XII con su claustro y su cementerio pequeño aunque ricamente ornamentado (probablemente del siglo XIII) merecen una visita. En el siglo XV, el monasterio sufrió graves daños durante un incendio. Lo que se puede ver actualmente del monasterio son los restos del edificio que se reconstruyó después del incendio. Solamente los ventanales del ala sur del coro son aún, probablemente, del siglo XIII. La abadía fue abandonada a mediados del siglo XVII. Otras iglesias y monasterios medievales en las proximidades de Sligo son, entre otros, **Ballindoon Dominican Friary** cerca del *Lough Arroe* y *Creeveleea Friary* en el río Bonet cerca de Dromahair (21 km).
Si se lo pide al sacristán (6, Charlotte St.), podrá visitarlo fuera del horario habitual.
Abbey St.
Diariamente 9.30-17.30 h

LUGARES DE INTERÉS Y EXCURSIONES

Necrópolis de Carrowmore,
cerca de Sligo

St. John's Cathedral
La catedral es del siglo XVIII. Destaca, fundamentalmente, la maciza torre oeste. Fue el arquitecto alemán Cassels quien diseñó esta imponente construcción en 1730. En 1836 se casaron en este lugar Susan Mary Pollexfen y John Butler Yeats, cuyos hijos fueron el famoso poeta William Butler y el pintor Jack. Los Polloxfen eran una de las familias de comerciantes más ricas e influyentes de Sligo.
John St.
Diariamente 10-18 h

Museo

Sligo County Museum
Como en todas partes en Sligo y su comarca, también aquí encontrará gran cantidad de recuerdos de Yeats, entre otras cosas la bandera tricolor que cubría su féretro.
Sligo County Library House
Stephen St.
Martes-sábado 12-17 h

Comer y beber

Truffles Restaurant
Una pizzería de la nueva era con chimenea. Es conocida por sus excelentes especialidades de queso.
The Mall
Tlf. 071/44226
Categoría de precios media

Four Lanterns
Es un lugar idóneo para un pequeño tentempié. Sirven desde pizza hasta pollo asado, así como platos vegetarianos.
O'Connel St.
Tlf. 071/43457
Categoría de precios inferior

Compras

Bonner & Son
Jerseys tejidos a mano directamente del fabricante.
Front St.
Ardana
Condado de Donegal
Tlf. 075/41302

Por la noche

Hargadon
El establecimiento se encuentra en propiedad de la misma familia desde 1908. Constituye toda una leyenda entre los pubs irlandeses.
Terraza ajardinada.
O'Connel Street

Hawk's Well Theatre
Centro teatral y de conferencias con apenas 300 asientos. Regularmente se ofrecen representaciones de teatro y conciertos. El Hawk's Well se inauguró en 1982 y se encuentra junto a la Oficina de Turismo en la Temple Street.
Temple St.
Tlf. 071/61526

Información
Tourist Information Office
Áras Reddan
Temple St.
Tlf. 071/61201

Taxi
Tlf. 071/42777

Excursiones

Arranmore Island ■ D 1

En esta isla al oeste de Letterkenny hay playas de arena, un faro y un bar sin hora de cierre. Además de un albergue juvenil (abierto de junio a septiembre) en Arranmore también está el
Glen Hotel
Tlf. 075/21505
Categoría de precios inferior
Transbordador desde Burtonpoint (también coches), reservas en el Tlf. 075/21532
El precio del viaje sencillo son 2,50 IR£

Benbulben ■ D 2

La montaña caliza de 527 m de altura es la montaña más occidental de las Darty Mountains, las cuales juegan un importante papel en la mitología irlandesa. La montaña carece de cumbre, su cima es completamente llana y tiene una escarpada ladera. Su forma característica domina todo el paisaje en el norte de Sligo y es buen lugar para observar el panorama.

Carrowmore ■ C 2

La mayor necrópolis megalítica de Europa se encuentra a 3 km al sur de Sligo. Dólmenes (los mayores tienen hasta 2 metros de altura) y cámaras funerarias, algunas de ellas datan de 4.000 años antes de Cristo. En las proximidades se halla el monte **Knocknarea** (328 m), en cuya cumbre dicen que se encuentra la tumba de la reina Maeve of Connacht (siglo I).

Glencolumbkille ■ C 1

Hace tiempos inmemoriales que el patrón de Donegal, Columbkille, se retiró a este pequeño pueblo al noroeste de Sligo. Muy cerca se halla la **Sleave League,** cuyas laderas se precipitan escarpadas hacia el mar y desde cuya cima se tiene una espléndida vista sobre la bahía de Donegal. Sólo para montañeros expertos.

Glenveagh National Park ■ D 1

Después de Letterfrack y Killarney, éste es el tercer parque nacional, situado a 10 km al oeste de Letterkenny. En una extensión de 100 km2, usted podrá caminar a través de un maravilloso paisaje montañoso, pasando a lo largo de lagos y un castillo reformado del siglo XIX. Con algo de suerte, incluso podrá observar algún ciervo salvaje.

Inishowen Peninsula ■ E 1

Una pequeña y bonita carretera le conducirá desde Malin en el norte de Donegal hasta el extremo más septentrional de Irlanda, el *Malin Head.*

Letterkenny ■ D 1

Es la localidad más grande en el norte de Donegal. Cada año, el punto culminante es el **Folk Festival** que se celebra en agosto con músicos y bailarines de toda Europa. La hora de cierre no se suspende, aunque las autoridades hacen la vista gorda.

Lough Derg   ■ D 2

Aproximadamente a 15 km al este de Donegal, rodeado por pantanos montañosos y colinas pobladas de brezos se halla este tranquilo lago con la árida **isla de Station.** La pequeña isla es más conocida por el nombre de **St. Patrick's Purgatory** (Purgatorio de St. Patrick).

Lough Gill   ■ C 2/ D 2

El lago tiene unas dimensiones de 3 km de anchura por 8 km de longitud y está comunicado con el mar a través del río Garavogue. Posee una abundante población de salmones, lucios y truchas. Durante los meses estivales se puede navegar por el lago con un «autobús acuático» que atraca en el parque Doorly (Sligo) y en el castillo de Parkes (Lough Gill). Para información precisa sobre los horarios y los precios del viaje: Tlf.: 071/64266.

Rosses Point   ■ C 2

Muy cerca de Sligo (3 km) se hallan dos preciosas playas de arena, un campo de golf internacional y diferentes bares junto a la playa. Cuan-

do hay marea baja se puede pasar andando hasta la isla de Coney.

Tobercurry   ■ C 2

El pueblo es un buen punto de partida para excursiones a las Ox Mountains y a la costa al oeste de Sligo. Entre los adeptos de la música folk, el lugar es conocido como centro de la música tradicional irlandesa. Cada año en verano tiene lugar la South Sligo Summer School (Escuela de verano).

Tory Island

El viaje a esta isla en el Atlántico, situada a 13 km mar adentro, es absolutamente recomendable. Aquí podrá conocer el antiguo estilo de vida irlandés. Hay un servicio de barcas que circulan varias veces al día partiendo desde el **Magheraroarty Pier** (Gortahorj). El viaje dura 45 minutos. Infórmese en Correos de las horas de salida.
Los barcos de correo de **Bunbeg** salen varias veces a la semana, dependiendo de la climatología. El viaje tiene una duración de 1 hora y 25 minutos.
Precio del viaje 12 IR£ (adultos), 6 IR£ (niños)
Información en el teléfono 075/31991 (Mr. Doherty)

Esta ciudad portuaria en el soleado y poco lluvioso sureste cuenta con un hermoso casco antiguo, cuyo origen se remonta a época de los normandos.

Wexford es una simpática pequeña ciudad portuaria de 15.000 habitantes, cerca de **Rosslare Harbour,** puerto al que llegan los transbordadores procedentes de Francia y Gales. En 1998 el condado conmemora el bicentenario del alzamiento de los **United Irishmen** (Irlandeses Unidos). Éstos reclamaron en 1798, bajo la influencia de la Revolución Francesa, la conversión de Irlanda en una república. Se proyecta una exposición permanente sobre este tema en la cercana población de Enniscorthy. Actualmente el County Museum, en el castillo de

Wexford
■ D 6

Enniscorthy del siglo XIII, informa sobre estos acontecimientos.

Uno de los puntos de atracción de Wexford, junto a la calle principal, la **South Main Street,** es la plaza **Bullring.** El nombre (plaza de toros) procede de la época de los normandos, quienes celebraban aquí corridas de toros. En esta plaza se proclamó por primera vez la República de Irlanda en 1798, tal y como recuerda un monumento del año 1904.

Los alrededores de Wexford son también muy atractivos (→ Rutas y excursiones, pág. 111).

El puerto de Wexford fue un próspero centro de comercio desde el siglo IX al XII

Hotel

Farmers Kitchen

Sencillo hotel, situado en la carretera que conduce del centro a Rosslare.
Rosslare Road, Wexford, condado de Wexford
Tlf. 0 53/4 32 95, fax 4 58 27
20 habitaciones
Categoría de precios media

Museos

Irish National Heritage Park

Ante la torre circular (1857) en memoria de los irlandeses caídos en la Campaña de Crimea, se han reconstruido en un museo al aire libre obras de distintas épocas, así como un barco vikingo y un molino antiguo. En este parque se encuentran también las ruinas de la primera fortificación normanda de Irlanda (1169), descubiertas en 1984.
Ferrycarrig, 4 km al norte de Wexford
Mediados de marzo - octubre, diariamente 10 - 19 h; noviembre - mediados de marzo, diariamente 10 - 17 h.
Entrada 3,50 IR£

Westgate Heritage Tower

En la última puerta medieval de la ciudad que se conserva (s. XIII), un programa audiovisual de media hora de duración narra la historia de Wexford, así como el asesinato de Cromwell en 1649. En las cercanías pueden visitarse las ruinas de la abadía de Selskar (s. XIV-XIX).
Spawell Road
Lunes - sábados 9.30 - 12.30 h y 14 - 17 h, domingos 14 - 17.30 h
Entrada 1,50 IR£

Servicios

Información

Tourist Office
Crescent Quay
Tlf. 0 53/2 31 11, fax 4 17 43
Junio - septiembre, lunes - sábados 9 - 18 h,
domingos 9 - 17 h; octubre - mayo, lunes - viernes 9 - 12.45h y 14 - 17.15 h

Recorridos turísticos:

Salidas desde la westgate, la puerta occidental
Julio - agosto, lunes - sábados 11 y 14.30 h
Precio 2,50 IR£

El Irish National Heritage Park documenta la historia irlandesa clara y sugestivamente

Excursiones

New Ross ■ D 6

Esta pequeña ciudad portuaria se extiende en una pendiente sobre el río Barrow. Especialmente interesantes son su casco urbano de calles de trazado medieval, el ayuntamiento (1749) y las ruinas de la St. Mary's Church (s. XIII) en el cementerio. El bisabuelo del presidente de EE. UU. nació en esta comarca.

Hotel

Hotel New Ross
Una de las posadas más antiguas de Irlanda, totalmente modernizada.
Town Centre, New Ross, condado de Wexford
Tlf. 0 51/42 14 57, fax 42 26 95
22 habitaciones
Categoría de precios media

Lugares de interés

John F. Kennedy Park & Arboleda
Este parque, inaugurado en 1968 en memoria del presidente norteamericano, está situado al sur de New Ross, cerca de Dunganstown, y cuenta con más de 4.500 especies de árboles y plantas.
Abril y sept. 10-18.30 h; mayo-agosto 10-20 h; octubre - marzo 10 - 17 h
Entrada 1 IR£

Comer y beber

The Galley Cruising Restaurant
Este restaurante flotante realiza travesías de abril a octubre (de junio a agosto también desde Waterford). También se puede viajar en él sin necesidad de comer a bordo (almuerzo: 12.30 h, tea time: 15 h, cena: 19 h).
The Quays, New Ross
Categoría de precios media

Waterford ■ D 6

Esta ciudad portuaria e industrial a la que llegan un gran número de barcos de crucero, es famosa por sus cristales. La fábrica de cristal, la más grande del mundo en la actualidad, funcionó entre 1783 y 1851, y fue reinaugurada en 1947. En el edificio civil más antiguo de Irlanda, la Reginald's Tower (1003), tiene su emplazamiento el museo de la ciudad (abril- mayo de lunes a sábados).

Hotel

Granada Travelodge
Reinaugurado a principios de 1997. El precio de la habitación es el mismo con un niño (de hasta 12 años), un bebé u otro adulto más.
Cork Road (N 25), a 1,5 km del centro
Waterford City, condado de Waterford
Tlf. 18 00/70 97 09
32 habitaciones
Categoría de precios media - baja

Lugares de interés

Waterford Crystal Visitor Centre
En Kilbarry, a 2,5 km del centro de Waterford.
Visitas guiadas de abril a octubre, diariamente 8.30 - 16 h; noviembre - marzo, lunes - viernes 9 - 15.15 h
Entrada 3,50 IR£
Exposición de abril a octubre, lunes - sábados 8.30 - 18h; noviembre - marzo, lunes - viernes 9 - 17 h
Entrada libre

Servicios

Información
Tourist Office
41 The Quay
Tlf. 0 51/7 58 23
Abril-sept. lune -sábados 9-18 h, domingos 11-17 h; oct.-marzo, lunes-viernes 9-13 h y 14-17 h

Esta tranquila y hermosa ciudad, considerada el centro espiritual de la isla durante mucho tiempo, es actualmente un centro turístico en alza.

Si pregunta por la **St. Patrick's Cathedral,** seguro que la respuesta es "¿cuál?". Y es que hay dos catedrales homónimas: una católica-romana, otra anglicana (Church of Ireland). Armagh tiene dos sedes episcopales y, a pesar de los numerosos incendios y los estragos ocasionados por las guerras, un bello casco urbano y un ambiente tranquilo y sosegado, como en los alrededores del parque **The Mall,** territorio de los jugadores de cricket. Se ha invertido mucho dinero para poder realizar distintos

Armagh
■ E 2/E 3

proyectos de exposiciones en la ciudad, como para el **St. Patrick's Trian,** cuya primera piedra fue colocada por el entonces Presidente de la Unión Europea, Jacques Delors, e inaugurado por el Primer Ministro británico John Major.

Armagh, el condado del mismo nombre, delimita con el mayor lago del la isla, el **Lough Neagh.** El sur del condado de Armagh tenía antes del armisticio, y ya antes de la guerra civil, fama de "tierra de bandidos". Aquí fueron asesinados 114 soldados británicos.

Dos catedrales se encuentran cara a cara en las colinas de Armagh.

Hotel

Drumsill Hotel
Este hotel, modernizado totalmente y reinaugurado en 1997, está situado en un parque en las afueras de la ciudad.
35 Moy Road, Armagh BT 6 1 8 DL
Tlf. 0861/52 20 09, fax 52 56 24
50 habitaciones
Categoría de precios media

Lugares de interés

Planetario
En Armagh existe un observatorio desde 1791. El planetario, desde el que se puede contemplar la bóveda celeste "teniendo la sensación de estar en un transbordador espacial", data de 1968. Además en el "Astronomy Hall " tienen lugar exposiciones. Para poder asistir a las sesiones en temporada alta se recomienda hacer reserva.
Ene- marzo y sept.- dic. lunes-viernes 10-17h, sábados 13.30-17 h; abril - junio, lunes - viernes 10 - 17 h (todos los días a las 15 h), sábados y domingos 13.30 - 17 h (14 y 15 h); en julio y agosto, lunes - viernes 10 - 17 h, sábados y domingos 13.30 - 17 h (14 y 15 h).
Reservas: Tlf. 08 61/52 36 89
Entrada 3.50 IR£

St. Patrick's Cathedral (anglicana)
Según la tradición, el misionero San Patricio fundó en el año 445 la primera iglesia de piedra en Armagh, a la que se añadió más tarde una escuela monástica. La iglesia proyectada en 1268 fue destruida 17 veces, la actual se acabó de restaurar completamente en 1840.
En el muro este de la nave transversal norte está la tumba del legendario rey Brian Boru, cuyo ejército venció a los vikingos en el año 1041.
Abril - octubre, diariamente 10 - 17h;

noviembre - marzo, todos los días de 10 a 16 h.

St. Patrick's Cathedral (católica romana)
Esta catedral con dos torres está situada a tan sólo unos doscientos metros de su homónima anglicana. La edificación se inició en 1840, pero tras el fallecimiento del obispo que la encargó, las obras fueron dirigidas por otro arquitecto y no concluyeron hasta 1873.
Diariamente 8.15 - 20 h

Museos

Palace Stables Heritage Centre
Al sur de la ciudad, por la carretera hacia Monaghan, podremos encontrar los siguientes edificios: el antiguo Palacio Arzobispal (1770), construido en piedra calcárea, llamada "el mármol de Armagh", y actualmente sede administrativa; Primate's Chapel (1786), templo considerado la "joya georgiana"; y las ruinas del monasterio franciscano edificado en 1266 y destruido en 1565, con la iglesia de este tipo más grande de Irlanda.
Abril - septiembre, lunes - sábados 10 - 19 h, domingos 13 - 19 h (último pase a las 18 h); octubre - marzo, lunes - sábados 10 - 17 h, domingos 14 - 17 h.
Entrada 2,80 IR£

St. Patrick's Trian
➤ Salir con niños, pág. 26

Servicios

Información
Tourist Information Centre
40 English Street (Entrada "St. Patrick's Trian). Abril - sept. lunes - sábados 9 - 17 h, domingos 13 - 17 h; marzo - oct. lunes - sábados 9 - 17.30 h, domingos 14 - 17 h
Tlf. 08 61/52 18 00

Excursiones

Enniskillen ■ D 2

Centro turístico a unos 80 km al oeste de Armagh, capital de Fermanagh, entre los lagos Upper y Lower Lough Erne. La parte más interesante del castillo del siglo XV es la watergate, la puerta del foso (cerrado los domingos durante todo el año y también los sábados de octubre a abril). A 2 km de la ciudad se encuentra Castle Coole (1790), una suntuosa residencia (abril y septiembre, sábados y domingos; mayo - agosto, lunes - miércoles y viernes - domingos).

Hotel

Belmore Court Motel
El hotel más reciente de Enniskillen, a sólo 5 minutos andando del centro.
Tempo Road
Enisskillen BT 74 6 HR
Tlf. 0 13 65/32 66 33, fax 32 63 62
30 apartamentos (26 con cocina)
Categoría de precios media

Hillsborough ■ E 2/E 3

Esta población protestante en County Down es conocida por el Acuerdo anglo-irlandés de Hillsborough de 1985, que permite a Irlanda una intervención limitada en Irlanda del Norte. Los invitados de Estado residen en el Hillsborough Castle (de 1797, cerrado al público). El fuerte, el Hillsborough Fort, data de 1630 y cuenta con una torre construida en 1758 (abierto de martes a domingos). Cuenta tambiéncon varios edificios georgianos.

Comer y beber

The Hillside Bar
Pub rústico en el centro de la ciudad. Autoservicio en el que se puede comer, por ejemplo, paté Hillside.
21 Main Street
Categoría de precios media

Lough Neagh ■ E 2

El lago más grande de Gran Bretaña, con más de 100 km de perímetro, está rodeado de terrenos pantanosos, por lo que la carretera se aleja con frecuencia del lago. Encontrará información y documentación sobre flora, fauna y protección de la naturaleza en el Discovery Centre en Oxford Island (todos los días; de octubre a marzo sólo de miércoles a domingos). Muy cerca, en Kinnegoe Marina, salen barcos turísticos (de febrero a noviembre sábados y domingos; teléfono de información 07 62/32 75 73). De junio a septiembre circula otro barco con salida en Atrim. En la orilla suroeste del lago sale un tren de vía estrecha hacia el Peatlands Park, parque natural de terreno pantanoso (salida -exit- 13 de la autopista M1; desde Semana Santa hasta septiembre, sábados y domingos de 14 a 18 h; de junio a agosto todos los días).

Hotel

Templeton Hotel
En una pequeña población, en la carretera A6 de Antrim a Belfast, cerca del aeropuerto, se encuentra este moderno hotel de caprichosa arquitectura. Precios especiales los fines de semana.
882 Antrim Road
Templepatrick, Ballyclare
Condado de Antrim BT 39 0 AH
Tlf. 0 18 49/43 29 84, fax 43 34 06
20 habitaciones
Categoría de precios superior (no se aceptan tarjetas de crédito)

Navan Fort ■ E 2

Este fuerte circular en una colina, a 4 km al oeste de Armagh, fue la capital prehistórica del Ulster, y asentamiento ya en el 700 a. C.. La sede de los reyes del Ulster fue destruida en el año 332 (programa multimedia en el centro de visitantes, abierto durante todo el año, todos los días).

L as experiencias e impresiones que le transmitirá Belfast podrían ayudarle a entender toda la complejidad que encierra la Isla Verde.

Belfast: la capital de Irlanda del Norte, la ciudad de los atentados terroristas, la ciudad que de todas las ciudades de Irlanda más veces sale en los titulares de los periódicos. Ya hemos oído suficiente de los disturbios en los telediarios. No hace falta arriesgar el propio pellejo, para poder decir después que hemos estado allí donde sucedió.

¿Por qué, entones, ir a Belfast? ¿Qué tiene esta ciudad de especial, de extraordinario, para justificar a pesar de todo una visita? En los folletos de la Oficina de Turis-

Belfast
■ F 2

mo de Irlanda del Norte se enumeran todos los lugares de interés y superlativos que parece que pueden encubrir los problemas de la ciudad: Belfast, cuna de la Revolución Industrial en el Ulster; la ciudad en cuyos diques secos, los mayores del mundo, se construyó el Titanic; Belfast, «*a Hibernian Rio, crisp, clean and inviting*» –fresco, limpio y tentador, como un Rio de Janeiro a la irlandesa. Sin tener en cuenta que ya ni siquiera las playas más caras de Rio son limpias y tentadoras –aplicar estos atributos a

El City Hall, majestuosidad en el centro de Belfast

Belfast parece más bien la expresión de un ideal desesperado que la descripción de la realidad.

Apuntes sobre una realidad compleja

Es más honrado darle al visitante potencial una imagen completa de Belfast. Y es que el Belfast de los telediarios es tan incompleto como el Belfast publicitario que pretende vender la Oficina de Turismo. Dicho de otro modo: existen los atentados terroristas (aunque desde el alto el fuego de septiembre/octubre de 1994 ya no son frecuentes), también existen los grafitis de la *Falls Road* en el barrio católico de la ciudad y en su contrapartida protestante, la *Shankhill Road* –pero también existe la imponente *City Hall*, la réplica de Belfast al *Capitol Hill (Capitolio)* de Washington, la *Opera House* (Ópera)con su esplendor victoriano y muchos otros lugares de interés y tesoros artísticos únicos en Irlanda.

Hoteles y otros alojamientos

Belfast International Youth Hostel
Un albergue juvenil nuevo cerca de la universidad. Se inauguró en marzo de 1994.
22 Donegall Rd.
Tlf. 0232/324733
Categoría de precios inferior

ukes Hotel
n hotel nuevo con mucho estilo en
s inmediaciones de la Queen's
niversity y del Jardín Botánico. Dis-
one de sauna y gimnasio.
5 University St.
lf. 0232/236666, Fax 237177
1 habitaciones
ategoría de precios superior

otel Europa
s el mayor y más conocido hotel
e Belfast. Se pueden reservar habi-
aciones especiales para no fumado-
es. Céntrico.
reat Victoria St.
lf. 0232/327000, Fax 327800
ategoría de lujo

Mr. & Mrs. Ed Lynch
s una pensión extraordinariamente
mpia y agradable, situada en la pe-
feria del centro de la ciudad. Está
n la carretera a Larne.
omerton Guest House
2 Landsdowne Rd.
lf. 0232/370717
habitaciones
ategoría de precios media

laza Hotel
n hotel moderno en el centro de la
iudad, muy frecuentado por gente
e negocios. Hay precios especiales
ara reservas de fines de semana.
5 Brunswick St.
lf. 0232/333555, Fax 232999
3 habitaciones
ategoría de precios superior

Lugares de interés

elfast Zoo
menos de 10 km al norte del centro
iudad se encuentra el zoológico de
elfast en las laderas del Cave Hill,
esde donde se tiene una espléndida
sta sobre el centro de la ciudad.
ntrim Rd.
lf. 0232/776277

Entrada: adultos 4 STG£, niños 2 STG£
Diariamente 10-17 h (15.30 durante
los meses de invierno)

Botanic Gardens
Belfast está orgullosa de sus zonas
ajardinadas e incluso ha ganado el
premio nacional de «City in Bloom»
(Ciudad en flor). Sin duda, el parque
más hermoso de Belfast es el Jardín
Botánico que se encuentra junto a la
universidad. Las atracciones más
espectaculares son la casa de palmeras, de 130 años de antigüedad y
el desfiladero tropical, en el que incluso crecen unos plataneros.

City Hall
Este edificio, cuya construcción finalizó en 1906, puede visitarse con
cita previa. El punto más alto de la
inmensa cúpula se halla a 53 metros
sobre la ciudad y es uno de los mira-
dores con mejor panorámica sobre
el centro de la ciudad.
Donegall Square
Visitas con cita: miércoles 10.30 h
Tlf. 0232/320202 (extensión 2227)
Entrada gratuita

Dixon Park
En este parque se celebra en verano
el gran festival de rosas de Belfast.
También pertenecen al recinto un jar-
dín japonés y un bonito parque infantil.
Upper Malone Rd.

Dundonald Old Mill
Este molino del año 1752 posee la
mayor rueda de molino de Irlanda
(aprox. 12 m de diámetro). Al molino
pertenecen también un restaurante,
donde se exponen las muelas del molino, así como una tienda de souvenirs.
231 Belfast Rd.
Quarry Corner
Dundonald
Lunes-sábado 10-17.15, domingos
11-17.15 h
Entrada gratuita

LUGARES DE INTERÉS Y EXCURSIONES

Stormont

El imponente edificio construido entre 1929 y 1932, símbolo de la soberanía británica, se encuentra a 10 km al este del centro de la ciudad, en medio de una cuidada zona ajardinada y al final de una vía de acceso de casi 2 km de longitud. Aquí celebraba sus sesiones el Parlamento norirlandés. En la carretera a Newtownards

Museo

Arts Council Gallery

La Galería de Arte estatal se encuentra muy próxima a la Donegall Square, detrás de la City Hall, y expone obras de artistas contemporáneos. La galería posee una pequeña librería anexa.
56 Dublin Rd.
Martes-sábado 10-18 h

Ulster Museum and Art Gallery

La extraordinaria colección de arte y antigüedades contiene, entre otras cosas, parte del tesoro del galeón español Girona que naufragó en 1588 frente a las costas de Antrim y cuyo tesoro fue rescatado por Robert Sténuit en 1969. Además, hay una exposición permanente de artistas contemporáneos y modernos.
Botanic Gardens
Stranmillis Rd.
Tlf. 0232/381251
Lunes-viernes 10-17 h; sábados 13-17 h; domingos 14-17 h
Entrada gratuita

Comer y beber

Belle Epoque

Para los amantes de la cocina francesa este restaurante es como un aire de elegancia parisina. Puede tomar el aperitivo en el Crown Liquor Saloon, a la vuelta de la esquina en la Great Victoria Street.
61-63 Dublin Rd.
Tlf. 0232/323244
Categoría de precios superior

Manor House

El mejor restaurante chino de Belfast se concentra en la cocina cantonesa. Su personal es atento y, si es necesario, incluso le darán un breve cursillo sobre la utilización de los palillos chinos.
47 Donegall Pass
Tlf. 0232/238755
Categoría de precios superior

SUGERENCIA

Ulster Folk and Transport Museum: A unos 10 km fuera de Belfast se halla el museo más interesante de Irlanda del Norte, al que también pertenece un enorme museo al aire libre. Aquí se pueden visitar manufacturas tradicionales y hay una granja en la que no se aran las tierras con un tractor sino con un arado tradicional tirado por caballos. Desde octubre de 1993 se puede visitar aquí también la Irish Railway Collection. Cultra, Holywood, condado de Down; lunes-sábado 9.30-17 h, domingos 12-18 h (en invierno hasta 16.30 h), Entrada: adultos 2,60 STG£, niños: 1,30 STG£

■ F 2

Restaurant 44

Las costillas de cordero con salsa de bayas silvestres son la especialidad de la casa. Muy buen pescado.
44 Bedford St.
Tlf. 0232/244844
Categoría de precios superior

Roscoff

Los gourmets están entusiasmados con la cocina moderna y minimalista de la casa y han elegido el Roscoff como el mejor restaurante de Belfast.
Lesley House
Shaftesbury Sq.
Tlf. 0232/331532
Domingos cerrado
Categoría de lujo

Saints and Scholars

Buenos platos vegetarianos en el barrio universitario.
University St.
Tlf. 0232/325137
Categoría de precios media

Compras

Zona peatonal

Por razones de seguridad, la zona entre el City Hall, Victoria Street, College Square y North Street, a menudo, se encuentra cerrada al tráfico. Aquí es donde la gente de Belfast realiza sus compras. Desde angostos pero exclusivos pasajes comerciales hasta grandes almacenes.

Togg's

Si lo que busca es la fina porcelana inglesa en cualquier forma y de cualquier tono imaginable, ésta es la tienda adecuada. Además, dispone de un gran surtido de cristal irlandés.
0 Donegal Sq West

May Street

Un mercadillo ambulante con mucho ambiente.
Martes y viernes

Smyth's Irish Linen

Como sugiere el nombre, aquí se venden, sobre todo, fino lino irlandés y bordados a mano.
14 Callender St.

Por la noche

Crown Liquor Saloon

Este salón del siglo XIX es uno de los mejores ejemplos de arquitectura victoriana; desde hace años propiedad de la Oficina de Turismo. Es un monumento nacional y aún hoy sigue siendo un bar.
46 Great Victoria St.

Front Page Pub

Es uno de los pubs más tradicionales de la ciudad, donde se ofrece música en directo varias veces a la semana.
Donegal St.

Grand Opera House

Una joya entre los teatros victorianos y una de las óperas más importantes de las islas británicas. La Opera House quedo destruida casi totalmente en un incendio. Desde su brillante reinauguración en 1980, se representan sobre todo obras clásicas.
Great Vistoria St.

Kelly's Cellars

Casi todas las noches, aunque especialmente los fines de semana, se toca música tradicional. Según cuentan, en el siglo XVIII los United Irishmen eran clientes habituales de este bar.
Bank St.

Ulster Hall

Aquí hay una variada mezcla de grandes y populares actuaciones: desde conciertos de Rock, combates de boxeo, hasta conciertos clásicos de la orquesta del Ulster.
Linenhall St.

Información
Northern Ireland Tourist Board Information Office
59 North St.
Tlf. 0232/246609

Taxis
No está permitido parar a los taxis en la calle. Se pueden encontrar en: Donegall Square east, Central Station, York Road Station, Great Victoria Street y Oxford Street.
Tlf. 0232/220355

Excursiones

Ards Peninsula ■ F 2/F 3

La península se puede explorar cómodamente en un recorrido turístico comenzando en Donaghadee. Separa *Strangford Lough* del Mar de Irlanda. En Portaferry, en el sur de la península, se puede visitar el *Northern Ireland Aquarium,* la estación biomarítima reformada y reinaugurada en enero de 1994.
Martes-sábado 10-18 h, domingos 13-18 h
Tlf. 02477/28062
Entrada 1,25 IR£

Hillsborough ■ E 3

Una de las pequeñas ciudades más bonitas de Irlanda del Norte, ubicada a 16 km al sur de Belfast. La ciudad se asentó alrededor de las fortificaciones construidas por el Coronel Arthur Hill a mediados del siglo XVII. Merecen especial mención las cuidadas zonas ajardinadas alrededor del antiguo *Government House,* así como la iglesia parroquial con un artístico ventanal de Joshua Reynolds y dos órganos del siglo XVIII.

Lough Neagh ■ E 2

Es el mayor lago de Irlanda: 10 ríos alimentan este lago de 24 km de largo y 15 km de ancho. La leyenda cuenta que se creó al rebosar un pozo, inundando a muchas ciudades con sus aguas.

Mourne Mountains■ E 3

Las montañas de Mourne entre Newcastle y Newry configuran el paisaje más encantador de Irlanda del Norte. Cuando no hay niebla ni brumas, desde la cima del *Slieve Donard* se divisan las montañas de Donegal y la isla de Man.

Información
En Newcastle se ha instalado un centro de información que se ocupa solamente de las montañas de Mourne.
91 Central Promenade
Tlf. 03967/24059
Entrada gratuita
Julio-agosto: diariamente 9-29 h; septiembre-junio: normalmente 9-17 h

Crown Liquor Saloon, claro ejemplo d
arquitectura victoriana.

A pesar de que Derry está marcada por las huellas de los conflictos políticos, de ninguna otra ciudad del Norte de Irlanda se habla con tanto cariño como de ésta.

Derry

■ E 1

Derry (en irlandés «doire«: robledal) es una de las ciudades más antiguas de Irlanda. Su historia se remonta hasta el siglo VI. Hoy la segunda mayor ciudad de Irlanda del Norte (63.000 habitantes) es conocida, sobre todo, debido a los Troubles ("problemas"). Estos disturbios comenzaron a finales de los años 60 para agravarse en los años siguientes llegando a una situación casi de Guerra Civil. Aquí, aún siguen viviendo católicos y protestantes en dos barrios bien demarcados: los protestantes en la elegante Waterside, al este del río Foyle; los católicos en el barrio de Bogside, claramente más pobre y ,en parte, bastante deteriorado, y en Creggan, en la orilla occidental del río Foyle. Es obvio que el conflicto no es solamente entre protestantes y católicos sino también entre los sectores rico y pobre de la población.

Craft Village, en el centro de Londonderry

Huellas de la Guerra Civil...

A pesar de que desde el alto el fuego del IRA y los grupos terroristas protestantes se respira cierta tranquilidad en Derry, las casas destruidas por las bombas y las pintadas en las paredes recuerdan una y otra vez que el conflicto en Irlanda del Norte aún está muy lejos de una solución definitiva.

...junto a monumentos históricos

No obstante, esto no debería impedirle prestar atención a los monumentos históricos de Derry. Estos se encuentran casi todos en el interior de la muralla de la ciudad, conservada casi intacta, en la zona alta de la ribera occidental de Foyle.

La ciudad se asentó en un terreno de colinas, lo que recuerda mucho a la ciudad de Cork. Igual que esta ciudad junto al río Lee, su ubicación entre y sobre colinas confiere a Derry un encanto especial. Las características comunes a estas dos ciudades en los extremos norte y sur de la isla no se acaban aquí: igual que sus vecinos del sur, los corkonians, también los habitantes de Derry poseen un talento musical especial. De ahí que sea una canción del compositor Phil Coulters, oriundo de Derry, la que mejor capta el ambiente de la ciudad: «The Town I loved so well...»

Hoteles y otros alojamientos

Beach Hill Country House Hotel
El mejor hotel de Derry se encuentra en un cuidado jardín. Con restaurante.
32 Ardmore Rd.
Tlf. 0504/49279, Fax 45366
17 habitaciones
Categoría de precios superior

Florence House
(Mr. & Mrs. McGinley)
Sencillo Bed &Breakfast, también adecuado para familias con niños. Aparcamiento cubierto.
16 Northland Rd.
Tlf. 0504/268093
5 habitaciones
Categoría de precios inferior

White Horse Inn
El hotel se encuentra a 9 km de distancia de Derry en la carretera a Limavady, al noreste del centro. Algunas de las habitaciones confortablemente amuebladas disponen de una pequeña cocina.
68 Clooney Rd.
Campsie
Tlf. 0504/860606, Fax 860371
43 habitaciones
Categoría de precios media

Whitepark Bay Youth Hostel
El albergue juvenil más próximo a Derry, cerca del Giant's Causeway. Dispone de servicio de alquiler de bicicletas (10 km al oeste de Ballycastle).
157 Whitepark Rd.
Ballintoy, Ballycastle
Condado de Antrim
Tlf. 02657/31745
44 camas
Categoría de precios inferior

Lugares de interés

City Wall
La muralla de Derry tiene una anchura de 6 m y es de principios del siglo

XVII. Es una de las pocas fortificaciones de su tipo en Europa que aún se conservan intactas casi por completo. Las partes más dañadas son los bastiones, aunque el *Double-Bastion* en el sudoeste de la muralla aún se mantiene en un buen estado. Aquí se puede contemplar la *«Roaring Mary»*, uno de los cañones que, al parecer, jugara un papel decisivo durante el sitio de Derry en el siglo XVII. Visitas guiadas en verano

Craigavon Bridge

El puente sobre el río Foyle es uno de los pocos puntos de contacto entre Waterside y Bogside. Aquí chocan dos mundos aparentemente tan incompatibles como los de la población católica y protestante.

Creggan Graveyard

En el cementerio del barrio católico de Creggan en la parte occidental de la ciudad se hallan sepultadas numerosas víctimas de los disturbios más recientes. Merece la pena dedicar algún tiempo a leer los epitafios. Es fácil entablar conversación con la gente y oír de primera mano cómo consiguen vivir con la situación existente en Irlanda del Norte.

St. Columb's Cathedral

La construcción de la catedral protestante se inició en el temprano siglo XVII, aunque no se finalizó hasta 1885. Aquí se pueden admirar piezas de los tiempos del sitio de la ciudad en el siglo XVII.
Tlf. 0504/262746
Lunes-sábado 9-17 h

Museos

Bloody Sunday Memorial

Monumento en recuerdo del *«Bloody Sunday»* (Domingo sangriento), en memoria de los 13 manifestantes desarmados que fueron asesinados a tiros por soldados británicos el 30 de enero de 1972. Se encuentra cerca de *Butchers Gate*, al noroeste del *«Diamond Square»*.

Guildhall

Antigua «Casa de los Gremios» convertida en pequeño museo. Actualmente, se celebran, fundamentalmente, conciertos y representaciones teatrales. La obra de teatro «Translations» de Brian Friels se estrenó en este lugar. A finales de agosto se organiza el anual Field Day con Brian Friel y Seamus Heaney. Igualmente, este es el lugar donde se celebran las sesiones del Ayuntamiento. Si pide cita con suficiente antelación, el alcalde le recibirá personalmente.
Foyle St.Tlf. 0504/365151
Lunes-viernes 9-16 h
Entrada gratuita

Comer y beber

Beehive

Es un restaurante económico en el Richmond Shopping Centre.
106 Richmond Centre
Categoría de precios inferior

Bengal Tandoori

Cocina india al norte de la muralla de la ciudad, en la orilla occidental del Foyle.
59 Strand Rd.
Tlf. 0504/365287
Categoría de precios media

Por la noche

Andy Cole

Es el pub más antiguo de Derry.
Sólo ofrecen música tradicional algunas noches.
135 Strand Rd.

Gweedore Bar

Aquí la gente se reúne para tocar música.
Waterloo St.

Servicios

Información
Tourist Information Centre
8 Bishop St.
Tlf. 0504/267284

Taxi
Tlf. 0504/263905

Excursiones

Antrim Coast ■ E 1/F 2

La carretera a lo largo de la costa de Antrim entre Limavady en el oeste y Larne en el este es una de las carreteras costeras más bonitas.

TOPTEN 10

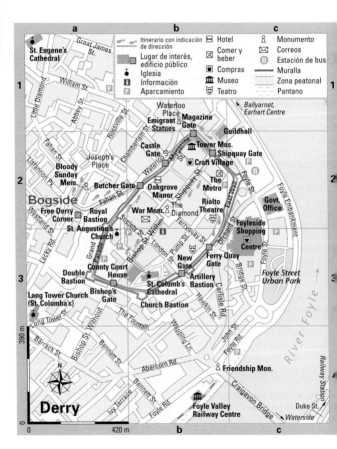

Carrick-a-rede Rope Bridge ■ E 1

Este vertiginoso puente colgante cubre, a una altura de casi 30 m, el abismo entre tierra firme y la isla Carrick-a-rede. Solamente se instala entre los meses de mayo y septiembre para facilitar el acceso de los pescadores de salmones a las aguas especialmente abundantes en esta pesca.
Se puede llegar a través del Larrybane Car Park. A 8 km al oeste de Ballycastle.

Giant's Causeway ■ E 1

Puede tratarse de un antiguo lago de lava que se enfrió hace 55 millones de años o un causeway (dique) que el gigante legendario Finn Mc-Cool construyera hacia Escocia –elija usted mismo la explicación que más le convenza sobre el origen de Giant's Causeway. Las más de 40.000 columnas de basalto, de una asombrosa uniformidad, son en cualquier caso tan impresionantes que sólo por sí mismas justifican un viaje a la costa de Antrim (aprox. 2 km al norte de Bushmills).
Visitors Centre
Diariamente 10-18 h
Tlf. 02657/31582 ó 31855
Entrada 1 STG£

Mussenden Temple ■ E 1

Las ruinas del Downhill Palace se hallan en la costa norte de Derry, a poca distancia de la ciudad universitaria Colraine. El palacio del siglo XVIII pertenecía a un obispo. Camine a través del recinto en dirección a la costa hasta llegar al pequeño templo justo a orillas de los acantilados que se alzan sobre el Atlántico.

Downhill Castle
Bishop's Gate and Black Glen
42 Mussenden Rd. Castlerock
Templo: abril-septiembre diariamente 12-18 h; el terreno (Glen and Grounds) tiene acceso libre a cualquier hora
Tlf. 0265/848281

Rathlin Island ■ F 1

La isla es un paraíso para los aventureros. Aquí, en el extremo noreste de Irlanda, se ocultaban durante mucho tiempo los piratas y contrabandistas. Quién sabe –quizá con algo de suerte encuentre un tesoro aún oculto en el Smuggler's House, cerca del faro sur. En verano hay a diario un servicio de transbordador (10.30 h) que comunica la isla con tierra firme (Ballycastle). Un billete sencillo cuesta 5,10 STG£. Si tiene preguntas sobre este servicio, le atenderá gustosamente la Sra. Dominic McCurdy de la Rathlin Guesthouse ("casa del contrabandista") (Tlf. 02657/63917).

Giant's Causeway

Desde Limerick hasta el Burren

En este recorrido de 257 km conocerá un paisaje único en Europa: el Burren. Una zona cárstica, absolutamente deforestada, se extienden por el norte del condado de Clare a lo largo de más de 260 km². Este paisaje de pizarra y piedra calcárea porosa y de gran contenido en carbón constituye el substrato para una gran variedad de vegetación de poca altura. En su soledad, carente de agua y árboles, el Burren parece un paisaje lunar. En el pasado, las tropas de Cromwell se quejaban de que el Burren era tan estéril que no había suficiente madera para ahorcar a un hombre, ni suficiente agua para ahogarlo, ni suficiente tierra para enterrarlo.

El recorrido parte de Limerick y continúa por Ennis, Kilrush y Kilkee. Sigue a lo largo de la costa atlántica hasta Spanish Point. En este lugar naufragó una parte de la temida Armada Invencible durante una tormenta. La siguiente parada son los **Cliffs of Moher,** los escarpados acantilados que se alzan sobre el Atlántico, **Lisdoonvarna** y **Ballyvaughan** con las cuevas de Aillwee. En el viaje de regreso pasando por Bealaclugga, Turlough y Carron es cuando se atraviesa por lo que se considera el territorio del Burren propiamente dicho. En e **Burren Display Centre** en **Kilfenora** podrá aprender detalles sobre este territorio. La última parada antes de Limerick se realiza en Corofin, donde el **Clare Heritage Centre** le dará una idea de la historia de esta excepcional región.

Duración: 1-2 días
Mapa: contraportada anterior

Recorrido turístico de la isla en diez días

El recorrido para un total de 1.371 km en diez días le facilitará ver una gran parte de Irlanda en un espacio relativamente corto de tiempo. No obstante, sería recomendable extenderlo unos días más. Podría quedarse más tiempo en algunas de las localidades y realizar excursiones a los alrededores.

1er día: Dublín - Tramore
(190 km)

El primer día salimos de Dublín en dirección sur hasta **Wicklow,** uno de los condados menos poblados de Irlanda. Aquí puede estirar un poco las piernas dando un paseo por el **Powerscourt Estate** antes de continuar camino vía Roundwood a las montañas de Wicklow, donde nuestro destino es **Glendalough,** un monasterio del siglo VI. Continuamos por el valle Avoca –del cual el poeta Thomas Moore dijera antaño «No hay otro valle en este extenso mundo tan encantador como éste»– de regreso a la costa hasta **Arklow,** donde existe la pos

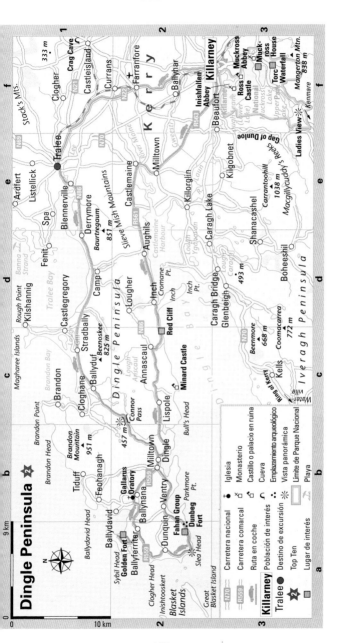

ITINERARIOS

bilidad de bañarse. Pasando Enniscorthy vamos hasta **Ballyhack,** donde sirven un excelente pescado en el **restaurante Neptune** (en el puerto, Tlf. 051/89284, categoría de precios media). Pasamos con el transbordador a Passage East. Se puede realizar un corto viaje a **Dunmore East** (puerto importante) o bien continuar hasta **Tramore,** uno de los lugares de veraneo más conocidos de la costa sudeste (una playa de arena de 5 km), donde dispone de numerosos hoteles y pensiones.

2º día: Tramore - Cork
(117 km)
Vamos por Dungarvan hasta Youghal, pueblo pesquero con unos buenísimos restaurantes de pescado. Continuamos hasta **Midleton,** la principal localidad irlandesa productora de whisky. No debería seguir viaje directamente a Cork, sino desviarse hasta **Cobh** o el parque natural de **Fota Island.** Una vez en **Cork** puede dar por la noche un paseo por la Patrick's Street o subir hasta la Shandon Church, emblema de la segunda mayor ciudad de Irlanda.

3er día: Cork - Killarney
(151 km)
El tercer día nos lleva a través de una de las regiones de Irlanda más hermosas y de mejor infraestructura turística: West Cork y Killarney. Primero vamos en dirección noroeste hasta **Blarney** (*Blarney Stone* y los *Wooden Mills*), después a lo largo del embalse hasta **Macroom,** una ciudad a orillas del río Sullane con unas preciosas casas de estilo georgiano tardío.

Al sur de esta localidad nos apartamos de la carretera princi-

Actividades agrícolas en Dingle Peninsula

pal girando en dirección sudoeste. La sinuosa carretera con unas espectaculares vistas nos conduce a **Glengarriff.**

Esta pequeña localidad se halla en una protegida bahía lateral de la *Bantry Bay* y es conocida por su clima suave. Aquí encontrará una espesa y variada vegetación de robles y pinos, hayas y palmeras, rododendros y azaleas. Seguimos camino a través de las montañas de Caha hasta **Kenmare,** una preciosa localidad al final del fiordo de Kenmare. Por la carretera principal en dirección norte, pasamos por el parque nacional hasta llegar a **Killarney.** Killarney con sus numerosos lugares de interés, como por ejemplo Muckross House y el *Ring of Kerry,* ya serían de suficiente interés por sí solos para todas unas vacaciones. Si es posible, intente pasar al menos un día en este lugar.

Doyle's Seafood Bar in Dingle

bién lo puede posponer al día siguiente camino de Galway. Si desea asistir a un banquete medieval en *Bunratty Castle,* recuerde que debe reservarlo con suficiente antelación.

4º día: Killarney - Limerick
(113 km)

El trayecto de Killarney a Limerick es relativamente corto y la carretera excelente. Por tanto, es suficiente con salir al mediodía de Killarney en dirección a Limerick a no ser que desee incluir en su viaje un recorrido por la **península de Dingle.**

Ahora nos encontramos en el llamado **Gaeltacht;** por tanto, las señales y otros indicadores están en idioma gaélico. Quizá le apetezca realizar esa misma tarde una pequeña excursión desde Limerick al **Bunratty Folkpark** y su **castillo,** aunque tam-

5º día: Limerick - Galway
(105 km)

Desde Limerick emprendemos viaje a la pequeña ciudad de Ennis, siguiendo en dirección oeste al pequeño pueblo de veraneo Lahinch a orillas del Atlántico y a los **Cliffs of Moher.** Después de un paseo a lo largo de la impresionante costa de acantilados seguimos camino a **Lisdoonvarna,** el único balneario de Irlanda y escenario de innumerables romances.

Desde allí, la carretera nos conduce a través del fascinante paisaje del **Burren** hasta Ballyvaughan.

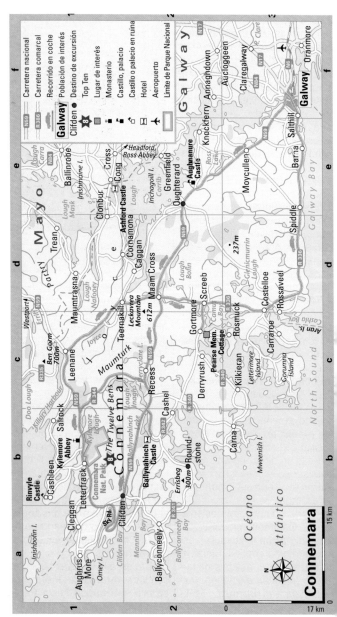

Si tiene interés por la literatura irlandesa, debería desviarse ligeramente al este en dirección Ardrahan y visitar **Coole House,** las ruinas de la residencia de la dramaturga Lady Gregory. Y naturalmente **Thoor Ballylee,** la torre normanda donde viviera algunos años Yeats. Después, seguimos nuestro viaje hasta Galway pasando por Kilcolgan y Oranmore.

6º día: Galway - Westport
(138 km)

El camino desde Galway hasta Westport pasando por Oughterard, Sraith Salach, Clifden y Leenane nos conduce a través de uno de los paisajes más solitarios y silvestres de Irlanda: **Connemara.** Aquí puede que recorra kilómetros y kilómetros sin cruzarse con otro coche. Como Connemara pertenece al Gaeltacht, muchas de las localidades figuran incluso en los mapas con su nombre gaélico.

7º día: Westport - Sligo
(118 km)

Debemos madrugar, pues, antes de emprender viaje en dirección a Sligo, sería interesante recorrer «la bahía de las 365 islas», **Clew Bay,** y desviarnos hasta **Achill Island** con su impresionante costa de acantilados. Después, continuamos nuestro recorrido pasando por Ballina a lo largo de la bahía de Killala hasta el pueblo costero de **Inniscrone.** Seguidamente, una carretera costera con un precioso paisaje nos conduce a la capital del **Yeats-Country,** Sligo. Muy cerca,

en **Drumcliff,** podrá visitar la tumba del famoso poeta irlandés William Butler Yeats.

8º día: Sligo - Derry
(155 km)

Al día siguiente abandonamos Sligo y pasamos por **Bundoran** (popular lugar para bañistas y surfistas), Donegal y Ballybofey hasta Lifford. Allí, un puente cruza la frontera con Irlanda del Norte hasta la ciudad de **Strabane.**

En la frontera y en la propia Strabane se aprecian claramente las consecuencias de la Guerra Civil. Paralelamente al río Foyle, conocido por su abundante pesca de salmón, una carretera bien asfaltada nos conduce en dirección norte a **Derry.**

La ciudad está rodeada por una muralla de seis metros de grosor del siglo XVII. Se encuentra ocupada en parte por tropas británicas, lo que refuerza la impresión de ciudad sitiada. A pesar de los disturbios, las gentes del lugar no han perdido nada de su hospitalidad.

9º día: Derry - Belfast
(117 km)

La costa de **Antrim** entre Coleraine y Cushendall es una de las franjas costeras paisajísticamente más hermosas de Irlanda. La carretera se mantiene siempre paralela a la costa, sube sinuosamente adentrándose en las montañas, a veces, a escasos metros de los escarpados acantilados. En su viaje por Coleraine, Portrush, Cushendall y Ballymena debería parar al menos en el *Giant's Cau-*

ITINERARIOS

seway, una estructura basáltica que cuenta entre los lugares de interés más conocidos de Irlanda y fue declarada una de las grandes maravillas de la naturaleza de todo el mundo. Pasamos la noche en Belfast, ciudad cuyos habitantes han logrado durante estos últimos años conservar su espíritu vital a pesar de las circunstancias adversas.

10º día: Belfast - Dublín
(167 km)

El último día de nuestro itinerario nos lleva de regreso a Dublín a lo largo de la costa este. El camino más corto nos conduce al interior del país. Pasando por Newry, Dundalk y Drogheda se llega a la ciudad junto al río Liffey en menos de tres horas, por una carretera bien asfaltada. En cambio, el trayecto a lo largo de la costa este de Down pasando por Newcastle tiene un paisaje más encantador y ofrece unas espléndidas vistas sobre las montañas de Mourne.

Duración: aprox. 10 días
Mapa: › contraportada anterior

Bantry House, edificada en el siglo XVIII

En esta comarca solitaria no se cruzará con muchos coches. Recorrido: 261 kilómetros.

1er día: Galway - Oughterard
(37 km)

Abandonamos Galway a través del **Weir Bridge.** Desde este puente se pueden observar en verano los salmones abriéndose camino río arriba por el Corrib. La carretera nos conduce junto a la universidad (1846) y a través de los suburbios de Galway, que dejamos atrás después de unos 4 km.

En Mollycullen abandonamos la carretera principal y continuamos a lo largo de la costa del **Lough Corrib** hasta Burnthouse. El lago, de poca profundidad y cubierto de cañas en su primer tramo, se estrecha aquí, aunque va ensanchándose visiblemente y cobrando mayor profundidad según avanzamos en dirección noroeste, con numerosas pequeñas islas de ensueño. Poco antes de Oughterard se encuentra **Aughnanure Castle,** indiscutiblemente el punto culminante de esta etapa. Este castillo fue construido en el siglo XVI por los O'Flahertys, dominando durante largo tiempo toda la comarca debido a su favorable ubicación estratégica.

2º día: Oughterard - Leenaun
(38 km)

Oughterard marca la frontera con el oeste, hacia Connemara, donde no existe mucho más que la-

Connemara

TOPTEN
8

gos, pantanos y pequeñas granjas, a menudo abandonadas. Pasando junto al *Lough Agraffard* y el *Lough Boffin* vamos hasta Maam Cross, a una distancia de 16 km de Oughterard y situado en pleno Connemara. Giramos a la derecha y llegamos enseguida a la abandonada estación de la antigua línea ferroviaria Galway-Clifden.

Después de haber dejado atrás las montañas de Leckavrea, nuestro camino va descendiendo hacia **Maum,** una pequeña ciudad portuaria a orillas del Corrib. El resto de la carretera sigue en gran parte el trayecto del río Joyce y se vuelve algo más empinado poco antes de Leenane. La pequeña ciudad de **Leenane** se encuentra a orillas del fiordo de Killary en uno de los paisajes de lagos y colinas más hermosos de Irlanda.

3er día: Leenane - Cleggan
(32 km)

El viaje continúa por la comarca de Connemara, surcada de cercados, que en su soledad irreal irradia una dramática belleza –aunque solamente para el viajero que la atraviesa. En tiempos de los grandes monasterios, Connemara ya era una comarca solitaria; ni siquiera a los monjes de vida modesta les gustaba asentarse en este territorio estéril. Apenas crecen árboles ni arbustos en esta tierra pantanosa, aunque, a cambio, abunda una gran variedad de brezos y de vegetación que se ciñen al suelo.

ITINERARIOS

La carretera a Cleggan transcurre a lo largo de la ribera del Killary Harbour, en dirección oeste, antes de desviarse al interior del país adentrándose en las **montañas Maumturk.** Detrás del *Kylemore Lough* el camino continúa pasando por un puente en dirección a Letterfrack, desde donde se llega después de un kilómetro de nuevo a la costa. El final de la etapa del día es **Cleggan,** un precioso pueblo pesquero cuyo puerto constituye el punto de partida para excursiones a la isla **Inisbofin.**

4º día: Cleggan - Roundstone
(39 km)

Rodeando en dirección oeste el Aughrus More, enseguida llegamos a **Omey Island,** una pequeña isla a la que puede llegar caminando sin mojarse cuando hay marea baja. En agosto se celebran aquí en la playa carreras de ponis.

Más al sudeste se encuentra, a mano derecha del camino, **Doon Castle,** construido en 1815 por John Darcy quien había fundado unos años atrás la ciudad de Clifden, que se encuentra a pocos kilómetros de distancia. Con sus 1.300 habitantes, Clifden es la capital secreta de Connemara. Para los amantes de los caballos: éste es el hogar de los mundialmente famosos ponis de Connemara.

A lo largo de los 21 km restantes desde Clifden hasta Roundstone pasamos primeramente junto una losa conmemorativa (a la derecha del camino, después de un kilómetro) que recuerda la primera travesía del Atlántico de oeste a este en avión. Algo más adelante, en las bahías **Mannin Bay** y **Ballyconneely Bay,** unas preciosas playas de arena blanca invitan a descansar. Poco antes de Roundstone se alza el Errisbeg, un volcán extinguido de más de 300 metros de altura. Merece la pena escalarlo, pues el ascenso es relativamente corto y desde lo alto se abre una espléndida panorámica sobre Connemara y, en el este, sobre Roundstone, la meta de nuestra etapa de hoy. No deje de probar el bogarán, recién pescado.

5º día: Roundstone - Kilkieran
(39 ó 49 km, respectivamente)

Si usted prefiere la comodidad, elija el trayecto más corto, desde Roundstone, siempre siguiendo la costa, en dirección a Cashel Bay y después en dirección sur a Carna y **Kilkieran** (39 km).

El trayecto alternativo es más largo, aunque a cambio, atraviesa un paisaje mucho más encantador. En lugar de desviarnos en dirección este a Cashel, nos mantenemos en dirección norte y recorremos la ruta alrededor del **lago Ballynahinch.** En una isla en medio del lago se encuentra otro castillo del clan O'Flaherty. El constructor de este castillo, Donal O'Flaherty, fue el primer esposo de la famosa reina de piratas Granuaile.

Entre los lagos Ballynahinch y Derryclare, la carretera se dirige primero en dirección sudeste y después al sur en dirección a Carna. Desde aquí debería desviarse a **Mweenish Island,** uno de los centros más importantes de cría de salmones. Aquí se encuentra la poco frecuente combinación de aguas protegidas y a la vez suficientemente profundas como son necesarias para las granjas de piscicultivo. En Kilkieran, a una distancia de algo más de 60 km de Galway, ya no nos encontramos en la comarca propiamente dicha de Connemara: Aquí, el paisaje pierde visiblemente su inconfundible dramatismo.

6º día: Kilkieran - Galway
(66 km)

A pesar de que ésta es la etapa más larga, el trayecto, seguramente, no le supondrá ninguna dificultad, pues la carretera es llana durante todo el trayecto. Ciñéndose siempre a la costa, la carretera rodea primero la **Camus Bay** y la **Cashla Bay** y después sigue, siempre en dirección este, hasta entrar en Galway. Entre Screeb y Costelloe merece especial atención la emisora **Radio na Gaeltacht,** la única emisora de Irlanda que emite toda su programación en idioma irlandés (gaélico). De regreso en Galway, tendrá la sensación de haber regresado de un viaje por el siglo pasado. Quiera o no, la civilización vuelve a acogerle.

Duración: aprox. 6 días

¿Qué las mantendrá tan ensimismadas?

Crucero en barco por el Shannon

No necesita ser un experto navegante para darle a sus vacaciones por Irlanda un toque muy especial haciendo un crucero por el Shannon.

A cada persona que alquile un barco se le muestra un vídeo (en tres idiomas), recibe un manual de instrucciones («*Captain's Handbook*») con todos los detalles y una clase práctica por el Shannon, según el cliente, entre 30 minutos y tres horas de duración. Si durante el viaje surgiesen problemas o preguntas, sólo se tiene que realizar una llamada y en un breve espacio de tiempo acudirán en su ayuda.

La ruta descrita se puede realizar cómodamente en dos semanas –contando el viaje de regreso. Intencionadamente no hemos dividido este recorrido en etapas. El Shannon ofrece tanta distracción que no debería realizar su pequeño crucero según unas estrictas etapas establecidas. Tómese el tiempo de explorar con su pequeña barca adicional las aguas laterales del río o, sencillamente, disfrute durante una larga y apacible tarde de la tranquilidad del río. Son recomendables de cuatro a cinco horas de viaje por día, eso significa que puede recorrer 50 km por día si mantiene una velocidad media de 10 km/h.

Desde Carrick-on-Shannon hasta los lagos Lough Key y Lough Allen

La pequeña localidad de Carrick-on-Shannon en el tramo superior del Shannon es el centro de alquiler de embarcaciones más importante de Irlanda. En uno de los numerosos supermercados podrá aprovisionarse de todo lo necesario para el viaje.

Debería iniciar su viaje río arriba. Muchos navegantes se toman primero uno o dos días para familiarizarse en esta aguas tranquilas con el nuevo barco, la navegación y las peculiaridades que ésta implica por el Shannon. Primero suba hasta el **Lough Key,** con su hermoso emplazamiento, pasando a lo largo de pequeñas islas y casas solitarias en sus orillas. Poco antes de la entrada al lago se encuentra **Clarendon Lock,** una de las siete esclusas del Shannon. La amplitud de dicha esclusa ofrece las condiciones ideales para prepararse a maniobrar el barco. Cerca de la salida de la esclusa se halla el **Forest Park** que con su precioso diseño invita a estirar las piernas.

Antes de dirigirse de nuevo río arriba –pasando por el punto de partida Carrick-on-Shannon– recomendamos una excursión a **Leitrim,** la pequeña capital del condado, probablemente, más pobre de Irlanda. El río se hace aquí más estrecho hasta llegar a la entrada al **Lough Allen.** Sin embargo, este lago sólo lo podrá explorar en su pequeña barca adicional, ya que estas aguas no tienen la profundidad suficiente para los barcos.

Desde Carrick-on-Shannon a Lanesborough

Algo al sur de Carrick-on-Shannon, el río se ensancha visiblemente. **Jamestown** es un buen sitio para la siguiente parada con seguros y tranquilos lugares para anclar. Manténgase río arriba después del puente, donde el río pierde de nuevo profundidad y se vuelve peligroso para los barcos. Si aún es pronto debería hacer un pequeño descanso antes de continuar navegando hasta **Drumma.** Puede evitar los bajíos después del puente yendo hasta la esclusa de *Albert Lock* a través de un canal cercano. Desde la esclusa llega –río arriba– al pequeño pueblo, entrada a un maravilloso paisaje de lagos.

Su viaje continúa a través del *Lough Tap* hasta el *Lough Boderg,* desde cuya costa oeste un canal comunica con el *Kilglass Lake,* así como con los tranquilos y apartados ríos *Grange River* y *Mountain River* –ideales para pescar o, sencillamente, para descansar. La vía de navegación principal conduce del *Lough Boderg* al *Lake Bofin.* En **Dromod** encontrará modernos embarcaderos con varios buenos restaurantes, los tradicionales pubs y una cancha de tenis.

Siguiendo río abajo se encuentra **Rooskey,** con un buen supermercado donde puede volver a poner al día sus provisiones. Después de pasar la esclusa de *Rooskey Lock,* siga río abajo atravesando los bosques de *Castle Forbes* y el *Lough Forbes* hasta **Termonbarry.** Desde aquí puede hacer una pequeña excursión a *Richmond Harbour.*

En este lugar finaliza el Royal Canal que comunica Dublín y la costa este con las vías fluviales del oeste. Hoy en día, el canal sólo es transitable en algunos tramos. Si continúa río abajo por el Shannon, llegará hasta **Lanesborough** con unos buenos embarcaderos, restaurantes y pubs.

Por el Lough Ree a Athlone

Lanesborough se encuentra en el extremo norte del *Lough Ree.* Aquí, el paisaje es totalmente llano, por lo que se tiene un amplio panorama de los condados circundantes: Roscommon al oeste y Longford al este. El lago tiene una longitud de 27 km. Debería cruzarlo solamente con buen tiempo, pues con vientos fuertes se produce un fuerte y desagradable oleaje, para lo cual no están acondicionados los barcos.

Puede elegir entre varias posibilidades entre los ríos, canales y lagos circundantes. Algo apartado, al oeste del río principal, se encuentra **Leecarrow,** al final de un corto canal. En caso de ser sorprendido por el mal tiempo, aquí encontrará un embarcadero seguro. Hace algunos años se inauguró en la ribera este del lago un canal nuevo que comunica con el *Inny River.* Si usted es pescador debería elegir la ruta sur que le llevará alrededor de **Hare Island** a través de los pequeños y resguardados lagos de Killenure y Coosan. **Athlone** es la siguiente localidad grande a lo largo de su crucero.

Desde Athlone a Clonmacnois

Antes de emprender su viaje de regreso, no debería perderse uno de los monumentos más hermosos e impresionantes junto al Shannon. A 19 km río abajo, a una cierta altura sobre la ribera este del río se encuentra el antiguo monasterio de **Clonmacnois.** San Ciaran fundó este asentamiento en el siglo VI y en su época de esplendor era conocido en todo el mundo cristiano como universidad y lugar de peregrinaje. Según se va acercando a las ruinas del monasterio desde el río no podrá zafarse del encanto. Más abajo del monasterio están los embarcaderos.

Duración: 1-2 días
Mapa: → contraportada anterior

Aduana

Desde enero de 1993, los artículos por los que ya se hayan pagado impuestos en otro país de la UE y estén destinados a uso particular, se pueden importar exentos de tasas aduaneras. Las cantidades máximas de tabaco y bebidas alcohólicas son de 800 cigarrillos , 400 puritos, 200 puros, 1 kg de tabaco; 10 l de alcohol de alta graduación, 20 l de licor, 45 l de vino y 55 l de cerveza. Para aquellos productos adquiridos exentos de impuestos en un país no perteneciente a la UE siguen rigiendo las antiguas normas de importación. Está prohibida la entrada de productos cárnicos frescos o conservados, y productos lácteos, así como la importación de armas.

Asistencia médica

Antes de salir de viaje, solicite en la Seguridad Social el formulario E 111 que, como miembro de la UE, le da derecho a recibir asistencia médica gratuita en Irlanda. Incluso cubre una posible estancia en un hospital.

Camping

Existen más de 100 campings reconocidos por la Oficina de Turismo de Irlanda (folleto: «Caravan & Camping Parks»).

Clima

Debido a los constantes vientos del sudoeste y la cálida corriente del Golfo, en Irlanda reina un clima suave, equilibrado, aunque también húmedo. En verano, las temperaturas pocas veces suben de los 25º C, mientras que en invierno no suelen bajar de cero. El *«Irish Mist»* la llovizna típica del país, cae sobre todo en el oeste de la isla. A los amantes de la playa les espera una diversión fresca; las temperaturas de mar no sobrepasan los 14 °C, ni siquiera en verano. En cambio, en algunos de los lagos interiores, las temperaturas de sus aguas ascienden hasta los 18 °C. El clima más agradable para viajar a Irlanda se da entre los meses de mayo y septiembre.

Correos

Una carta estándar al interior de Irlanda o a países de la Unión Europea cuesta 32 p; las postales 28 p. A otros países (por tierra) las cartas cuestan 44 p. y las postales 37 p.

La **correspondencia de lista de correos** a Dublín debe enviarse a la siguiente dirección: **G.P.O. Counter,** General Post Office, Dublin 1.

Los envíos se guardan durante dos semanas y se pueden recoger durante el horario comercial en la Oficina Principal de Correos. Para la correspondencia restante a otras localidades indíquese la dirección de la correspondiente oficina postal principal.

Las oficinas de correos están abiertas generalmente en el siguiente horario: Lunes-sábado 8-17.30 h. Las oficinas pequeñas cierran al mediodía aproximadamente durante una hora. La Oficina Principal de Dublín (G.P.O., O'Connel Street) tiene un horario al público más amplio: lunes-sábado 8-20 h, domingos y festivos 10.30-18 h).

Cursos de idiomas

Los dublinenses están orgullosos de que en su ciudad natal se hable un inglés considerado como especialmente puro y exento de acento. Existen cursos de inglés durante todo el año. Quienes se interesen por el idioma gaélico pueden ponerse en contacto con la Universidad de Galway, que ofrece cursos de verano:

University College Galway
Administrative Director
Summer School Office
Galway
Tlf. 091/24411

Días festivos

1 de enero
17 de marzo: St. Patrick's Day
Lunes de Pascua
1er lunes de junio: Bank Holiday
1er lunes de agosto: Bank Holiday
Último lunes de octubre: Bank Holiday
25/26 de diciembre

En Irlanda del Norte:
1 de enero
17 de marzo: St. Patrick's Day
Lunes de Pascua
1 de mayo: May Day
Último lunes de mayo: Bank Holiday
12 de julio: Orangeman's Day
Último lunes de agosto: Bank Holiday
25/26 de diciembre

Diferencia horaria

Irlanda se acoge a la GMT (Greenwich Meantime), es decir, en comparación con España, los relojes van una hora atrasados.

Dinero

La libra irlandesa (IR£) se encuentra en circulación en billetes de 5, 10, 20 y 50 libras, así como en monedas de 1, 2, 5, 10, 20 y 50 peniques (pence) y 1 IR£. Desde los primeros desórdenes en los mercados de divisas en septiembre de 1992, la libra ha sido devaluada varias veces frente al dólar, al marco alemán (referente europeo) y a otras monedas europeas. Actualmente (junio 1998) el cambio está aprox. a 217 ptas. por 1 IR£. Todos los hoteles grandes aceptan las **tarjetas de crédito** más importantes como la Visa, Access y American Express. Con Visa y Access también se puede pagar en la mayoría de comercios grandes, gasolineras y restaurantes. Muchos bancos

Tabla de cambio de moneda

IR£	Marco	Franco	Pesetas
0,5	1,38	1,12	108
1	2,76	2,23	217
2	5,52	4,46	234
5	13,80	11,15	1.085
10	27,60	22,30	2.170
20	55,20	44,60	4.341
30	82,80	66,90	6.512
40	110,40	89,20	10.853
50	138,00	111,50	21.706
100	276,00	223,00	54.267
250	690,00	557,50	100.535

Junio 1998

disponen de cajeros automáticos («Hole in the wall») que funcionan fuera del horario comercial de los bancos y, en muchos casos, también aceptan tarjetas Visa, Access y Mastercard. Sin embargo, deberá introducir su código personal secreto (PIN). Si tiene una libreta de Caja Postal puede sacar libras irlandesas en las oficinas de correos irlandeses hasta un importe máximo de 250.000 ptas. por mes.

El dinero se puede cambiar sin problema en todos los bancos y en la mayoría de oficinas de correos. Además, en las poblaciones grandes existen unas oficinas de cambio que trabajan también fuera del horario comercial. Los **bancos** abren, por regla general, de lunes a viernes de 10-12.30 h y 13.30-15 h. Además, dependiendo de la localidad, permanecen abiertos un día a la semana hasta las 17 h (en Dublín los domingos). Desde hace algún tiempo, algunos bancos permanecen abiertos al mediodía. Las oficinas de cambio de los bancos en los aeropuertos de Dublín y Shannon están abiertos a diario.

Documentación

Para viajeros de un país de la UE es suficiente con el D.N.I.

Economía

Irlanda es uno de los países económicamente más débiles de la Unión Europea. La tasa de desempleo, una de las más altas de la UE, superada solamente por España, está en torno al 20 %. El socio comercial más importante sigue siendo Gran Bretaña, seguida de Alemania, Francia y EE.UU. Los artículos de exportación más importantes son productos industriales (60%) y productos agrarios (26%). Sobre todo en el sector de las nuevas tecnologías, Irlanda

es uno de líderes dentro de la UE. Cinco de las diez mayores compañías informáticas del mundo tienen una sucursal principal en Irlanda.

Electricidad

En toda Irlanda, la electricidad está a 220 voltios. Los enchufes (excepto los de las máquinas de afeitar) necesitan un adaptador, el mejor lugar para adquirirlo es en el transbordador o el aeropuerto.

Embajadas

Embajada de la República de Irlanda en España:
Pº de la Castellana 46, 4º
28046 Madrid
Tlf. 91/5763500

Embajada de Gran Bretaña e Irlanda del Norte en España:
Fernando el Santo 16
29010 Madrid
Tlf. 91/3190200

Embajada de España en Irlanda:
17a Merlyn Park
Ballsbridge
Dublin 4
Tlf. 2691640

Consulado Gral. de España en Gran Bretaña:
20 Draycott Place
London Sw 3 2 Rz
Tlf. 5898989

Idioma

La República de Irlanda tiene dos idiomas oficiales. El primer idioma es el **irlandés** (gaélico), mientras que el **inglés** se reconoce como segunda lengua. Sin embargo, esta proclamación oficial, ni siquiera se toma ya en serio por parte de la administración y se ve en contradicción constante con la realidad, pues más del 95% de la población irlandesa habla el inglés como idioma materno, aunque la mayor parte de la población entiende el irlandés. Existe una emisora de radio que emite en irlandés y la televisión irlandesa está obligada por ley a emitir un determinado porcentaje de su programación en irlandés.

Información

Oficina de Turismo de la República de Irlanda
Pº de la Castellana 46, 3º
28046 Madrid
Tlf. 91/5771787

Oficina de Turismo de Gran Bretaña e Irlanda del Norte
Torre de Madrid, planta 6ª
Tlf. 91/54113996

En Irlanda existe un gran número de oficinas de turismo regionales, todas señalizadas con una »i« blanca sobre fondo verde. A menudo, en estas oficinas también se puede cambiar dinero y se venden souvenirs. Horario general:
Lunes-viernes 9-18 h, sábados 9-13 h
La central se encuentra en Dublín:

Irish Tourist Board – Board Fáilte
14 Upper O'Connell St.
Dublin 1
Tlf. 01/2844768

En Irlanda del Norte:

Northern Ireland Tourist Board
59 North St.
Belfast BT1 1NB
Tlf. 02332/231221

Música

Información sobre festivales y otros aspectos de la música tradicional se facilita en:

Comhaltas Ceoltóirí Éireann
Culturlann na hEireann
32 Belgrave Sq.
Monkstown
Condado de Dublín
Tlf. 01/2800295

Periódicos

Los irlandeses se interesan por todo lo que ocurre en el mundo (eso les proporciona tema de conversación para las interminables horas que pa-

Datos climatológicos de **Dublín**

	Temperatura media en °C		Horas de sol	Días de
	Día	Noche	al día	lluvia
Enero	7,6	1,3	2,1	13
Febrero	8,2	1,6	2,7	10
Marzo	10,4	2,6	3,2	10
Abril	12,7	3,7	5,4	11
Mayo	15,4	5,9	6,4	10
Junio	18,4	9,1	6,3	11
Julio	19,6	11,0	5,0	13
Agosto	19,4	10,6	4,8	12
Septiembre	17,3	8,9	4,1	12
Octubre	13,9	6,3	3,3	11
Noviembre	10,3	3,8	2,0	12
Diciembre	8,4	2,6	1,6	14

Fuente: Centro Meteorológico Alemán. Offenbach

san en el pub). La información necesaria se la proporcionan los más de cien periódicos locales, media docena de periódicos nacionales y un amplio abanico de los grandes periódicos británicos que se venden a diario en Irlanda.

Existen periódicos matutinos y vespertinos. Entre los «*Morning Papers*» están **The Irish Times** (suprapartidista, con buenos reportajes y amplias noticias de ámbito nacional), **Irish Independent**, el **Cork Examiner** y el **Star** (prensa sensacionalista). Entre los «*Evening Papers*» se cuentan el **Evening Express**, **Evening Herald** y **Evening Echo**. Aquí encontrará también las carteleras de cine y los programas de concierto. Los domingos se publican el **Sunday Press**, **Sunday Independent**, **Sunday Tribune** (del nivel del Irish Times) y **Sunday World**.

En Irlanda del Norte, la prensa se compone de **Newsletter** (unionista-protestante) y **Irish News** (nacionalista-católico). El único periódico vespertino del norte es el **Belfast Telegraph.** Sólo se puede adquirir prensa española en las grandes ciudades.

Playas nudistas

Generalmente, en Irlanda no está extendido el nudismo en las playas. Los motivos suelen ser de diferente índole: desde la postura católico-conservadora de la mayoría de irlandeses, hasta la adversa climatología.

Población

La isla tiene aproximadamente 5 millones de habitantes, de los cuales 3,5 millones viven en la República de Irlanda. La mayor ciudad de la República es con gran diferencia la capital, Dublín, en la cual vive casi la tercera parte de la población, seguida de Cork, Galway y Limerick. La mayor ciudad de Irlanda del Norte es la capital, Belfast, en la que vive también la tercera parte de la población, seguida de Derry. La República de Irlanda (70.285 km2) es uno de los países europeos con la menor densidad de población.

Política

En la República de Irlanda, los partidos no se pueden clasificar según el habitual esquema de izquierda, derecha y liberales. A pesar de que los políticos de los diferentes partidos siempre mantienen lo contrario, la línea divisoria entre las grandes tendencias políticas en la República (aún no) se halla entre derecha e izquierda. Históricamente, los partidos surgieron a partir de las distintas fracciones de la Guerra Civil de 1922. Pero incluso la validez de esta división se cuestiona hoy en día. En las elecciones al Parlamento, lo que se premia es la personalidad y la preocupación de los diferentes políticos por su distrito electoral. En cambio, la pertenencia a un determinado partido es de menor importancia. En el Dáil, el Parlamento irlandés, hay, por tanto, toda una serie de parlamentarios independientes, elegidos directamente en sus distritos electorales.

Los partidos más poderosos son el **Fianna Fáil** (Partido Republicano), el **Fine Gael** (Familia de los Irlandeses), el **Partido Progresista Democrático** y el **Partido Laborista;** menos importantes son el **Comhaltas Glas** (Alianza Verde), el **Sinn Fein** y la **Izquierda Democrática**. Desde los Comicios al Parlamento de noviembre de 1992 gobernó una coalición del **Partido Laborista,** de tendencia socialdemócrata, y el partido conservador **Fianna Fáil** con Albert Reynolds como Primer Ministro. Reynolds continuó en el cargo hasta su dimisión en noviembre de 1994; le sustituyó el dirigente del **Fianna Gael,** John Bruton, apoyado por el Partido Laborista e Izquierda Democrática.

Radio

Además de las emisoras del ente de radiotelevisión estatal RTE, que entre otras cosas también emite un programa en idioma irlandés, existen emisoras privadas locales, que orientan su programación principalmente a los jovenes, con diversos programas de música. Las mayores emisoras privadas en Dublín son la 98 FM y la 104 FM.

Ropa

Durante los días de semana, los irlandeses visten ropa informal. La ropa elegante queda reservada para eventos oficiales o de negocios. Debido a la cambiante climatología tampoco durante el verano deben faltar en su equipaje ropa de abrigo y algún impermeable.

Teléfono

Desde todos los teléfonos públicos se pueden realizar llamadas tanto de interior como al extranjero. Una llamada local cuesta 20 p. En todas las cabinas de teléfono figura el número del aparato, de modo que también puede recibir sin problema llamadas incluso desde el extranjero.
Para las llamadas internacionales son especialmente adecuadas las tarjetas telefónicas **(Card Phones)** que se venden en las oficinas de correos y en muchos quioscos **(Newsagent).** Existe un servicio llamado **«España Directo»** a través del cual se pueden hacer llamadas a España con la Tarjeta Personal de Telefónica, o bien a cobro revertido a través de la operadora en España. El número que debe marcar es el siguiente: 18-0055-0034. Ne-

cesitará una moneda para conectar aunque ésta se le devolverá al colgar.
Llamadas directas a España:
Marque el 0034, seguido del prefijo provincial (sin el 9) y finalmente el número del abonado.

Televisión

Radio Telefis Eireann (RTE) es el ente de radiotelevisión estatal irlandesa y es responsable de los dos canales irlandeses RTE 1 y Network 2. Solamente las grandes ciudades irlandesas, Dublín en cabeza, disponen ya desde hace años de una red de televisión por cable. Son sobre todo los canales británicos BBC1, BBC2, ITV y Channel 4 los que se difunden por cable. Los canales españoles sólo se reciben por satélite.

Unidades de medida y peso

Desde hace algunos años, los irlandeses están intentando adaptarse a nuestro sistema decimal. La adaptación es lenta. De ese modo, la cerveza y la leche se siguen vendiendo por «pints» (pintas), las patatas por «stones» (medida equivalente a 14 libras, o aprox. 6,35 kg) y la gasolina por *«gallons»* (galones):
1 inch – 2,54 cm
1 foot – 12 inches
1 yard – 3 feet
1 mile – 1,609 m
1 km – 0,62 miles
1 pint – 0,56 l
1 gallon – 8 pints
1 pound – 453 gramm
1 pound – 16 ounces
1 stone – 14 pounds

Urgencias

Para policía, ambulancia y guardia costera en la República de Irlanda e Irlanda del Norte: tlf. 999.

6000 a.C.
Los primeros colonos llegan a Derry y Offaly.

3000 a.C.
Aparición de las primeras tumbas megalíticas y dólmenes (Newgrange, etc.)

2000 a.C
Edad de bronce. Irlanda es uno de los centros elaboradores de metal de Europa.

Los celtas
500 a.C.
Inicios de la cultura e idioma gaólicos.

432 d.C.
San Patricio llega a Irlanda. Comienza la cristianización de la isla.

548
Aparición de los primeros monasterios (Clonmacnois, etc.). Irlanda se convierte en un importante centro cultural de Europa.

Los vikingos
795
La primera invasión de Irlanda por los vikingos. Cruces y torres circulares.

1002
Brian Boru se convierte en rey de Irlanda.

1155
La bula papal legaliza la solicitud de Enrique II de Inglaterra de la supremacía sobre Irlanda.

Los anglo-normandos
1169
Los primeros anglo-normandos llegan a Wexford.

1188
Geraldus Cambrensis escribe la «Expugnatio Hibernica» (Conquista de Irlanda), la primera guía turística sobre Irlanda.

1366
El Parlamento anglo-irlandés prohíbe en los «Estatutos de Kilkenny» cualquier asociación entre ingleses e irlandeses.

1395
Los reyes irlandeses se someten al rey Ricardo II de Inglaterra.

1536
Enrique VIII se convierte en rey de Irlanda. Comienza el declive de los monasterios.

Los Tudor
1588
La Armada Invencible española fracasa en la costa occidental de Irlanda.

1607
«La huida de los condes»: el éxodo de la nobleza irlandesa a Europa.

Los colonos británicos
1610
La sistemática colonización de Derry con colonos ingleses y escoceses.

1650
Insurrecciones: Las tropas de Cromwell devastan amplias zonas de Irlanda.

1690
Jacobo II de Inglaterra es derrotado por Guillermo III de Orange en la batalla del Boyne.

Lucha por la Independencia
1800
Inglaterra proclama el «Reino Unido de Gran Bretaña e Irlanda».

1803
Robert Emmett lidera un alzamiento contra la ocupación británica y es ejecutado.

1850
La «Gran hambruna» lleva a millones de irlandeses a la muerte o la emigración. La tasa de población disminuye de 8,5 a 6,5 millones.

1875
Charles Stuart Parnell es elegido miembro de la Cámara Baja Británica. Su intento de conseguir en el Parlamento el autogobierno irlandés («Home Rule») fracasa.

1916
Irlanda se rebela contra Gran Bretaña; se proclama la República. El «Levantamiento de Pascua» es derrotado por el ejército inglés.

1918-21
La guerra de independencia lleva a la fundación del Estado Libre de Irlanda.

1922
El Dáil Éireann, el Parlamento irlandés, ratifica el pacto anglo-irlandés. Guerra civil entre los partidos que defienden o rechazan, respectivamente, el pacto.

1937
Irlanda vota su nueva Constitución –sin la participación de los seis condados del noreste de la isla.

1939
Irlanda se mantiene neutral en la Segunda Guerra Mundial.

1949
Se proclama la «República de Irlanda».

1955
Irlanda se convierte en miembro de las Naciones Unidas.

1968
Una manifestación pacífica a favor de los Derechos Humanos en Derry es disuelta a palos por la policía. Comienzo de los disturbios en Irlanda del Norte.

1969
Londres envía tropas regulares a Irlanda del Norte.

1972
Tiene lugar el «*Bloody Sunday*» (Domingo Sangriento) en Derry: Soldados británicos matan a tiros a doce manifestantes desarmados durante una manifestación a favor de los Derechos Humanos. El Parlamento norirlandés es disuelto.

1973
Irlanda se une a la Comunidad Europea.

1981
Muerte de diez presos del IRA en Long Kesh (Maze) después de una huelga de hambre. Uno de ellos, Bobby Sands, había sido elegido poco antes de su muerte como diputado de la Cámara Baja británica.

1985
Firma del «*Anglo-Irish Agreement*».

7 de octubre de 1990
Por primera vez desde hace 17 años tienen lugar elecciones a la presidencia. Asombrosamente sale elegida Mary Robinson, defensora de los derechos cívicos de tendencia izquierdo-alternativa.

Noviembre de 1992
El Partido Laborista sale victorioso en los comicios al Parlamento y forma gobierno en coalición con el partido conservador Fianna Fáil.

Septiembre de 1994
El IRA declara el alto el fuego. Primeras conversaciones entre el Sinn Fein y el gobierno irlandés.

Diciembre de 1994
Dimisión del primer ministro Albert Reynolds, siendo sustituido por John Bruton de Fine Gael.

1995-1996
El periodo 1995-1996 ha representado un hito para la evolución de la república de Irlanda. La coalición "arco iris" es la primera en la historia en llegar al poder sin necesidad de elecciones; formada por un grupo heterogéneo integra al Fine Gael (centro derecha), el Partido Laborista (Labour) y la izquierda demócrata originaria del Sinn Fein. Un clima económico positivo ha supuesto altos crecimientos del PIB (6,7 %) y la reducción de la inflación.

1998
Firma del Tratado de Stormont, por la que se decide crear una asamblea irlandesa en la que participen todas las fuerzas políticas. Este Tratado supone el fin de la lucha armada.

Irlanda

MI VIAJE A IRLANDA SE REALIZO

ENTRE EL .... DE .... DE ....

Y EL .... DE .... DE ....

EN COMPAÑIA DE ....

PRIMERA JORNADA

MAÑANA

_____

_____

_____

_____

_____

_____

Comida en: _____

TARDE

_____

_____

_____

_____

_____

Cena en: _____

NOCHE

_____

_____

_____

_____

_____

MAÑANA

Comida en:

TARDE

Cena en:

NOCHE

Tercera Jornada

Mañana

Comida en:

Tarde

Cena en:

Noche

MAÑANA

Comida en:

TARDE

Cena en:

NOCHE

QUINTA JORNADA

MAÑANA

_____

_____

_____

_____

_____

_____

Comida en: _____

TARDE

_____

_____

_____

_____

_____

_____

Cena en: _____

NOCHE

_____

_____

_____

_____

_____

_____

MAÑANA

Comida en:

TARDE

Cena en:

NOCHE

SÉPTIMA JORNADA

MAÑANA

_____

_____

_____

_____

_____

Comida en: _____

TARDE

_____

_____

_____

_____

_____

Cena en: _____

NOCHE

_____

_____

_____

_____

_____

Mañana

Comida en:

Tarde

Cena en:

Noche

NOVENA JORNADA

MAÑANA

Comida en:

TARDE

Cena en:

NOCHE

MAÑANA

Comida en:

TARDE

Cena en:

NOCHE

Mis impresiones sobre la visita...

NOTAS

INFORMACIÓN PRÁCTICA

A todos nuestros lectores:

nos alegraría conocer su opinión acerca de esta guía. Por favor, si tienen alguna sugerencia o consejo, o si desean comunicarnos lo que más les ha gustado, tengan la gentileza de escribirnos a:

EDITORIAL EVEREST, S.A
Carretera León - La Coruña km 5
Apartado 339
24080 LEÓN (España)

Todos los datos que aparecen en esta guía han sido contrastados. Los precios, horarios de visita etc... pueden haber cambiado. La editorial no se hace responsable de los posibles errores.

Edición del texto: Karin Szpott
Edición gráfica: Claudia Bruckmann-Bräunig
Edición cartográfica: Dagmar Piontkowski

Maquetación: Enrique Prado
Traducción: EURO:TEXT
Fotografía de portada: A. Riedmiller/ Vista de la isla Little Skellig
Cartografía: Kartographie Huber
Producción: Helmut Giersberg
Composición: Hubert Feldschmied
Impreso y encuadernado por:

ISBN: 84-241-3730-2
Depósito legal: LE. 1326-98

Fotografías:
G. Aigner 62
Oficina de Turismo de Irlanda del

Norte 94, 102
Riedmiller 2, 4, 9, 12, 13, 17, 29, 35, 37, 42, 48, 69, 71, 79, 87, 89, 92, 104, 109, 113
H. Rumpf 10, 44
K. Thiele 88
E. Wrba 5, 7, 15, 18, 21, 25, 27, 31, 33, 50, 52, 55, 57, 59, 83, 105, 107

Título original: Irland
© 1998 Gräfe und Unzer GmbH y Editorial Everest

Impresión:
Editorial Evergráficas, S.L.
Carretera León-A Coruña, km 5
León (España)
Printed in Spain